JN220533

フランス人と
パンと
朝ごはん

酒巻洋子

Préparation du petit déjeuner à la française

フランス風朝ごはんの支度

美食家とも評されるフランス人ながら、日常的に食べている朝ごはんはいたってシンプルなものです。フランスの朝ごはんの内容といえば、実際には人それぞれですが、「タルティーヌとカフェオレ」が代表的。タルティーヌとはパンにバターやコンフィテュールを塗ったもののことで、大抵温かい飲み物と一緒に食べます。と、たった一行でも説明し終わってしまうのが、フランスの朝ごはんなのです。

ノルマンディー地方でフランス人のパートナーと暮らす私も、この単純明快なフランスの朝ごはんを毎日食べています。でも、「パンと飲み物だけ」の単純な朝ごはんでも、人によってさまざまな蘊蓄があるところが、やはりフランスならでは。そしてそのフランス的朝ごはんの食べ方には、さまざまな国の食文化を取り入れ、朝ごはんにパンを食べることが多くなった私たち日本人にも、想像し得ない独自のものがあるのです。それこそが、パンを主食としてきたフランスならではの奥深いパン文化というもの。

「フランス人とパンと朝ごはん」。

このシンプルな構図に隠された切っても切れない間柄には、味わえば味わうほど不思議な妙味が生まれます。フランスの朝ごはんにまつわる話とともに、ぜひ一緒に味わってみませんか？

ULIEN-MEDOC

LIPP

〈 Tartine ou Viennoiserie タルティーヌまたはヴィエノワズリー 〉

〈 Beurre, Confiture, Miel タルティーヌに何を塗る？ 〉

〈 Boisson chaude au choix お好みの温かい飲み物 〉

MENU

〈 PETIT DÉJEUNER フランスの朝ごはん 〉

〈 PETIT DÉJEUNER AU CAFÉ カフェの朝ごはん 〉

Tous nos plats sont faits à la maison avec des produits français.
Accepter la carte bleue à partir de 10€.
Prix net service compris. (15% sur HT)

〈 PETIT DÉJEUNER 〉

フランスの朝ごはん

Chacun son petit déjeuner.

個人主義なプティ・デジュネ

「プティ・デジュネ」。

このかわいらしい響きの言葉は、フランス語で「朝ごはん」という意味です。ここでちょっとフランス語をお勉強してみると、現在では「昼ごはん」という単語の「デジュネ」には、元々は「断食を断つ」という意味があり、就寝から起床までの何も食べない状態から、1日の最初に取る食事を指す言葉でした。その昔は都会や田舎、階級や職業などによっても食事の形態が異なり、この「1日の最初の食事」は労働者ならば夜明けとともに、貴族ならば午前の終わりに、と食べる時間もさまざまだったのです。

19世紀までに食事の時間はさらに変動しながら、中産階級を中心に、「デジュネ」は午前の終わりから正午あたりに、「夕ごはん」の「ディネ」は夕方に食べるという習慣が固定されていきます。そして、この正午に食べる「たっぷりのデジュネ」と区別するために、朝起きてから取る「軽いデジュネ」を「プティ・デジュ

朝はまだ客が少ないカフェのテラス席。朝ごはんをカフェで食べるのは、パリジャンよりもツーリストの方が多いです。

ネ」と呼ぶようになったのです。

そんな言葉の由来から見ても、「プティ・デジュネ」のおまけのような、「デジュネ」。フランスの基本的な朝ごはんの内容を考えても、バターとコンフィテュールを塗ったタルティーヌにカフェオレという、シンプル極まりないものです。日本の伝統的な朝ごはんの代表である、ご飯とみそ汁、焼き魚に生卵、納豆、漬物のセットと比べると、おやつみたいなもんですよ。といっても、今やう、この「ザ・日本の朝ごはん」を食べている日本人も少なくなっているのでしょうね。

ついでに日本的な朝ごはんのシーンを思い浮かべてみると、畳の上のちゃぶ台に伝統的朝食セットを自分の前にそれぞれ並べ、「いただきま～す！」と家族で一斉に食べ始めるイメージ。その時代は、「私はみそ汁じゃなくてお吸い物」とか、「僕は白米じゃなくて赤飯」などとわがままを言うメンバーもいず、家族全員が同じものを食べるという和の精神が生きていました。その決められた献立という点から考えても、各自別々に作る&食べるのではなく、みんなで一緒に食卓を囲むのが自然な流れだったわけです。でも、これも今では『サザエさん』で見るだけの日本的朝ごはんの風景になってしまいました。

日本の私の実家でも、すでに畳の上のちゃぶ台ではなく、ダイニングテーブルでパン食の朝ごはんでしたが、私が子供の頃は家族みんなで朝食を取っていました。それでも成長するにつれ、朝ごはんを各自バラバラに食べるようになりました。何といっても家族それぞれ、1日のスケジュールが違う。そして、コーヒーは淹れておけばいつでも飲めるし、食パンは各自食べ

る時にトースターで焼けばいいし、ヨーグルトは冷蔵庫から出すだけなので、家族全員分の朝ごはんを一緒に作る&食べなくてもいいのです。とはいえ、各自バラバラで食べるようになったとしても、家族みんなが同じ献立の朝ごはんでした。

となると、元からパン食な国民であるフランス人たちは、朝ごはんを家族一緒に食べる必要性がないといったら、ないのです。さらには、「私はコーヒーじゃなくて紅茶」、「僕はタルティーヌじゃなくてシリアル」と子供の頃から自己主張する人々。各自の好みで構成されるのが、フランス人の朝ごはんセットということ。

フランスでもパートナーのファンファンと2人暮らしの我が家では、若干の好みの違いがあるとしても、朝ごはんは同じものを一緒に食べています。問題は子供のいる家庭。3人の子供を持つパリジェンヌのサンドリーヌは、自分と旦那さんはミルクティーとタルティーヌ、子供たちはショコラ・ショーとシリアルを

フランスの基本的な朝ごはんセットは、パンと飲み物のごく簡単なものです。

食べるとのこと。「なるべくみんなで一緒に朝ごはんを食べることを心掛けているけれど、なかなか難しいわ」と言います。16歳の一人娘がいるパリジェンヌのケイラも、やっぱり自分と旦那さんはカフェオレに食パンの同じものだけれど、娘は市販の冷凍ホットケーキまたはシリアルを好きに食べているとか。

したがって家族の人数分だけ、好みの材料を揃えなくてはいけないのがフランスの朝ごはん。朝は起きて来た順に食卓につき、冷蔵庫や棚から自分の好きなものを取り出して食べる。もちろん、食卓で顔を合わせれば言葉を交わし、そして食べ終わった者から外に出かけて行く、といった家庭も多いのです。まさに個人主義が朝ごはんにも表れているお国柄というわけ。

そんな各自気ままに取る朝食スタイルの上、時間のない現代のフランス人の中には、毎日きちんと朝ごはんを食べる人も減ってきているようです。

朝寝坊の週末には、朝ごはんと昼ごはんを兼用した「ブランチ」をゆっくりと楽しむのが、パリで流行っている今日この頃。アメリカ生まれのブランチながら、その英単語とともにさらに新たなる食事のスタイルが加わったよう。そんなことから考えても、自分の好きなものを食べても、食べなくてもいいといった個人主義的なフランスの朝ごはんは、私にはどうにも軽く扱われている気がしてなりません。やっぱり「デジュネ」のおまけの「プティ・デジュネ」は、それ以上の地位を築けないのかもしれませんね。

＊プティ・デジュネ【petit déjeuner】朝ごはん。新しい言葉でその出現は20世紀前半だとか。
＊デジュネ【déjeuner】昼ごはん。地域によっては、いまでも「朝ごはん」という意味で使われている場合も。
＊ディネ【dîner】夕ごはん。元はデジュネと同じように「断食を断つ」という意味があったとか。その昔は「昼ごはん」という意味で使われ、「スペ【souper】」が「夕ごはん」として使われていたとも。
＊コンフィテュール【confiture】ジャム。P92参照。
＊タルティーヌ【tartine】厚みを半分に切ったバゲット。P66参照。
＊パリジェンヌ【Parisienne】パリに住む女性のこと。
＊ショコラ・ショー【chocolat chaud】ホットチョコレート。P116参照。
＊ブランチ【brunch】英語のブランチはフランス語でも同じ。週末はパリのカフェやビストロでブランチメニューが楽しめます。

15 Petit déjeuner

（上）週末ともなると、午前の終わりから賑わい出すパリのカフェ。パリジャンたちは昼過ぎまでのんびりとブランチを楽しみます。（下）フランスも地方によっては、その地ならではのチーズやクレープ、焼き菓子などがついてくる、ボリュームたっぷりの朝ごはんを食べるところもあるようです。

Prendre un petit déjeuner dans la cuisine.

朝ごはんはキッチンで

「朝ごはんはキッチンで食べるんだ」と最初にびっくりしたのが、前のフランス人の彼のおばあちゃんの家でのこと。当時98歳（102歳で死去）だったおばあちゃんは、ブルゴーニュ地方で一人暮らしをしていました。

そのおばあちゃん家は、玄関を入るとすぐにダイニングルームがあり、右手にベッドルーム、奥にバスルームと書斎、ベッドルームの後ろにあたる右側にキッチンがあるといった間取り。キッチンは中央にテーブルを置けば、ダイニングキッチンとして使えるくらいの広さがあったのですが、おばあちゃんが一人暮らしだということもあり、通常はエクステンションテーブルが壁につけて置いてありました。折り畳んだままのテーブルは2人用の大きさで、食事の準備をするときはこのテーブルを作業台としても使っていたのです。

このおばあちゃんの家に遊びに行くと、昼ごはんと夕ごはんはダイニングルームで食べるのですが、朝ごはんだけはキッチンの壁際に置かれた小さなテーブル

キッチンの中に小さなテーブルと椅子を置いて、ダイニングルームとは別に食事のスペースを作るのがフランスでは一般的。

で食べるのが習慣でした。これがもしダイニングキッチンだったならば、驚くこともなかったのですが、広くても基本はキッチンですからね。気分的にはキッチンの端っこで朝ごはんを食べるという感じ。大抵は私たちが先に食べ、その後に起きて来たおばあちゃんが、空いたテーブルで朝食を取るのが順番でした。3人で一緒に食べることは、個人主義な朝ごはんであるとともに、折り畳んだままの小さなテーブルだったので、現実的にも無理だったわけです。

その後、いろんな家を訪ねて分かったのですが、家の中に2種類の食事用テーブルを置くのは、フランスではごく普通のこと。ただし、家の大きさや間取りにもよってもその置き場所は若干異なります。ノルマンディー地方にある我が家には、ダイニングキッチンとサロンの両方に食事用の長テーブルがあります。で、この2つのダイニングテーブルの違いは何かと言えば、ズバリ、「日常用と来客用」ということ。田舎の一軒家では、大抵我が家のこのパターンが一般的です。フランス人の自宅への招待好きが、家の間取りからも伺えるというものですよね。

そもそも、フランス語で「サラ・マンジェ」と呼ばれる食事専用の部屋、ダイニングルームができたのは、18世紀も半ばのこと。それまで人々は、ベッドルームを含むさまざまな部屋の空いているスペースで、折り畳みの小さなテーブルを使って食事をしていました。当初、ダイニングルームを設えることができたのは、貴族階級やブルジョワ階級の邸宅でのみ。部屋の中央に大きなテーブルが置かれた食事専用の部屋は、家族の団欒の場として家の中心となり、さまざまな来客を迎えて食事をする場としても使われたのです。召使を雇うのが一般的な時代で、料理も給仕もすべて使用人が行ってくれるため、家の奥にあるキッチンとは別にダイニングルームを作って客をもてなすことは、家主にとってはまったく苦にならなかったわけです。

(右) パリの高級アパルトマンでは廊下の奥に大きなキッチンが見られ、使用人がいた頃の様子が残っています。今でも家政婦や乳母を雇うのは、パリジャンたちにとって普通のこと。(左) フランスの家でもカウンターキッチンが増え、朝ごはんや簡単な食事はカウンターで取る家庭も。知人が来てもわざとキッチンで食べ、親密な雰囲気でもてなすこともあります。

そんな歴史的背景もあって、現在でも知人を招くことを前提に、一般的なフランスの家は作られています。もちろん召使を雇うことがなくなった今日では、キッチンとダイニングの距離はどんどん縮まり、家人が料理を作ってサービスしやすいように、「アメリカ式」と呼ばれるカウンターキッチンも多くなりつつあります。その場合は、簡単な食事はカウンターで、夕食や知人が来た時はダイニングテーブルで、と区別して使っているようです。

パリの小さなアパルトマンでさえ、キッチンにスペースさえあれば、小さなテーブルに折りたたみの椅子を2脚ほど置き、食事ができるようになっているのが普通。逆にキッチンの他にリビングルームとベッドルームしかないアパルトマンは、いわゆるダイニングテーブルがないことも。その場合は、通常の夕食や友達を呼んだ時などはソファーに座り、ローテーブルで食事をするスタイルだったりもします。

ダイニングルームが「ハレ」の場だとしたら、キッチンは「ケ」の場ということ。したがって、家族だけで、もしくは個々に取る日常の朝ごはんは、キッチンで食べることが多いのです。テーブルセッティングをする必要もなく、時間もかけられない朝食は、キッチンの隅で食べてしまった方が、手っ取り早いのは納得ですよね。また、寝起きに無駄な労働を極力したくないという、フランス人らしい合理主義のひとつなのでしょう。

＊ブルゴーニュ【Bourgogne】フランスの中東部にあたる地域。ボルドーと並ぶ人気のワインの産地。
＊ノルマンディー【Normandie】フランスの北西部にあたる地域。観光地としては、モン・サン・ミッシェルが有名です。カマンベールチーズの生まれ故郷でも。
＊サロン【salon】客間。「リビングルーム」は「サル・ドゥ・セジュール【salle de séjour】」ながら、その区別は曖昧に。
＊サラ・マンジェ【salle à manger】ダイニングルーム。食事専用の部屋のことで、「キッチン」は「キュイズィーヌ【cuisine】」と言います。
＊ブルジョワ【bourgeois】資産家。
＊アパルトマン【appartement】日本で言うアパートとは異なり、一世帯当たりの居住空間のこと。

Un couteau et une cuillère, sans assiette.

ナイフとスプーンに皿なし

キッチンで朝ごはんを食べるのが、フランス人の合理主義のひとつであるとしたら、朝ごはんのテーブルセッティングはさらに簡素化されています。食卓に人数分並べるのは、「カフェオレボウル、ナイフ、スプーン」、それだけ。

メニューによって、カフェオレ用ボウルはシリアルを食べるために使われたり、飲み物用にマグやカップを使う場合もありますが、基本的にはこの3点セットのみなのです。寝起きに極力労働をしないのが、フランスの朝ごはんであるため、「余計なものを加えるのは厳禁」だということは、みなさんもすでにお分かりで。

ナイフはバターを塗るために、スプーンはコンフィテュールをすくうために使われる必需品です。しかし、知人宅で朝ごはんを食べる時に困るのが、人数分しかスプーンを出してくれないこと。コンフィテュールが何種類もある場合、例えばイチゴのコンフィテュールに一度使ったスプーンを、アプリコットのコンフィ

21 Petit déjeuner

（上）フランスの家庭での基本的な朝ごはんのテーブルセッティング。食事をするのに不可欠なあの物が足りません。（下）知人宅での普通の朝ごはん風景。パンはテーブルの真ん中に置いたまな板にのせ、食べたい人がその都度切っています。やはりここでも、カフェオレボウルにナイフとスプーンで、あの物が見当たりません。

テュールに使う時には「どうしたらいいわけ？」という状態になるのです。

フランスの合理主義的に考えれば、「コンフィテュールのついたスプーンは、パンできれいにふき取って再使用をする」ということなのでしょう。バター用のナイフもそうですが、「1つのコンフィテュールに1本のスプーンをつけて、みんなで仲良く使い回す」と言う考えにならず、各自それぞれのカトラリーを置くところが、またしてもフランスの個人主義な朝ごはんというわけです。

大抵、2種類のコンフィテュールとはちみつを並べる我が家では、各自につきスプーン1本では到底足りません。そこで、それぞれの前に基本3点セットをセッティングするなんてお洒落なことはせず、テーブルの上に一気に出すスプーンの数は、2人用にして約8本。コンフィテュールとはちみつだけを考えて、「2人で仲良く使い回せば」スプーン3本で足りるんじゃないかとお思いでしょう？

ところがどっこい、うちのファンファンは個人主義のフランス人。コンフィテュールとはちみつに、それぞれスプーンを1本ずつつけていたとしても、なぜかすべてのスプーンは回収されて彼の前に溜まっていくのです。

イチゴのコンフィテュールに使っていたスプーンは、ヨーグルトの上にコンフィテュールをのせた後、彼のヨーグルト用スプーンに変身するため、さらにもう1本のスプーンをイチゴ用にしなくてはいけません。アプリコットのコンフィテュール用のスプーンを私が使っていると、新たなるスプーンを取り出してアプリコット用にしてしまうファンファン。さらには、カフェオレの中に浸したパンをすくうためのスプーンも、彼にはもう1本必要というわけ。

じゃあ、コンフィテュールとはちみつに共同スプーンを3本、ヨーグルトに各自の2本、カフェオレに浸すパン用に彼用1本の、最小限のスプーン6本を置けばいいじゃないかとお思いになるでしょう？　しかし卓上のスプーンの数が足りなくなると、他人の見ていない間に1本のスプーンは「舐めて」きれいにされ、違うコンフィテュール用に使われているのがオチなわけです。そんな暴挙を阻止するためにも、スプーンは「多めに」出しておくのが我が家の朝ごはんの掟。必要最低限の道具で食べる合理主義なフランスの朝ごはんは、一体どこへ行ったものやら。

我が家のスプーンに対する例外はさておき、前述の「フランスの朝ごはんテーブルセッティング基本3点セット」に足りないものがあることにお気づきでしょうか？　えぇ、「お皿」というものが、見当たりません。フランスの朝ごはんにはパンが欠かせないはずなのに、そのパンは一体、どこに置かれるというのでしょうか？

答えは「テーブルに直置きする」ということ！　これは朝ごはんの余計な皿洗いを増やさない、フランスの合理主義である前に、フランス人のパンに対する扱い方の違いによるものです。レストランならばフランスでも、切ったパンはパン皿やパンかごに入れてサービスされますが、家庭の普段の食卓ならば、パンを置くための器を用意することは稀。切り口から乾燥していくパンは、なるべく切って置いておかないのが、フランスでの原則なのです。

したがって、朝ごはんでも夕ごはんでも、パンはパン切り用まな板か、そのままテーブルの上に丸ごと置かれ、食べたい分だけを食べる時に切られます。食事をしながら切られたパンは、夕食時ならば各自の前にセットされたお皿の「外」に置かれます。そして料理の合いの手として手でちぎって食べるだけでなく、お皿のソースをぬぐったり、ナイフをきれいに拭いたり、さまざまな役割を果たすというわけです。

カトラリーも食器もなかった中世では、上に肉をのせてお皿のようにも使われていたという、何でも屋のパン。したがって、パンは食べ物という以前に、食べるために使われる道具のひとつでもあるのです。だからこそ、料理のようにお皿の上には置かれず、パンはカトラリーとともに「お皿の外」に置かれる定めなのでしょう。料理さえも出てこない朝ごはんならば、パンをのせるためだけのお皿はもちろん、フォークも必要ないということ。

フランスに暮らし始めた頃は、この「パンの直置き」に非常に抵抗があった私。パンを直に置くテーブルはきれいに掃除できるとしても、飛び散るパン屑はどうしたらいいものやら。しかし、お皿があってもなくても、パンを切るたびにパン屑だらけになるテーブルの上。一部のパン屑を拾うためにお皿を用意したとしても、それは所詮、無駄な努力というものなのです。

今ではすっかり、テーブル上にパン屑を撒き散らして食べる朝ごはんに慣れてしまいました。落ちるパン屑を気にしながらお皿の上でチマチマ食べるよりも、パン屑をテーブルの上にボロボロ落としながら豪快に食べた方が、朝のタルティーヌの美味しさもひとしおというもの。だから、ファンファン用にたとえ10本も20本もスプーンを出したとしても、我が家の朝ごはんにお皿を並べることは決していたしません。はい、合理主義なフランスの朝ごはんを遵守ですとも。

＊パン【pain】フランス語でもパンは「パン」。さまざまな種類がありますが、総合的な「パン」とも使えます。

フランス人は外で食事をするのが大好き。天気がよければ朝ごはんだって、外で食べるのは当たり前です！

Où vont les miettes ?

パン屑の行方

フランスのパンの美味しさは、そのカリッとこんがり焼けた皮にあるといっても過言ではないほど、焼き上がりの皮の色は美味しいパンを見分ける目安でもあります。パン屋さんに行けば、「しっかり焼けたものを」とか、「あまり焼きすぎていないものを」とか、自分の好みの焼き加減でパンを選ぶのがフランス人。もちろん白っぽい皮のパンを好む人もいるのですが、やはりこちらは少数派。きつね色に香ばしく焼き上がったパンを好む人が断然に多いのです。

しかし、こんがりと表皮が焼けた美味しいパンにも、残念ながら欠点があります。それは、切るたびに出るパン屑の多さ！　パンの皮がパリパリに焼けていれば焼けているほど、落ちるパンの屑が増えるのは当たり前ですよね。さらにパン屑が落ちやすいパンと言えば、皮の割合が多いバゲット。そして、そのバゲットを縦に切り、トースターでさらに焼いてしまう、朝ごはんのタルティーヌが、断トツにパン屑が出るパン、ナン

27 Petit déjeuner

（上）テーブルクロスには、上品でお洒落に食卓を演出するだけでなく、掃除をする上で便利な使い方があります。（右下）中にローラーブラシが入っていて、テーブルの上で転がすだけでパン屑が取れる、ダストパンのひとつ。（左下）フランスの一般家庭でよく見かける、パン用カッティングボード。パンを切ると、すのこ状の隙間にパン屑が落ちるというシステムです。

バー1というわけ。だから、タルティーヌはテーブルに直に置いて、パン屑が落ちるのを気にせずに食べるしかないというのも、納得していただけるでしょう。

　そんな毎回大量に出る、厄介なパン屑を集めるための、フランスならではの小道具がいろいろあります。

　まずは、パン切り用まな板。フランスの多くの家庭で使われているのが、隙間にパン屑が落ちるようになっているカッティングボードです。上のすのこ部分は取り外すことができ、下に落ちたパン屑を捨てやすいようになっています。

　一般家庭ではあまり使いませんが、レストランでデザートの前にテーブルをきれいにする、パン屑用ちりとりを見たことがある人もいるでしょう。テーブルクロスの表面をさっと撫でつけるだけでパン屑が取れる金属製のヘラのようなものや、ローラー状になったものなど、ダストパンの形状もいろいろです。

　でも大抵の家では、テーブルの上をダストパンでこまめに掃除をするようなお上品な真似はせず、パン屑は一気に掃除をするのが一般的。そこで活躍するのがテーブルクロスです。食事が終わったら、テーブルクロスをパン屑が落ちないように持ち上げ、外に出て叩けば、ダイニングの床を汚さず、一気にきれいにすることが可能というわけ。外に撒き散らされたパン屑は、その後、小鳥たちに食べられ、きれいさっぱりなくなってしまいます。

　我が家ではテーブルクロスを敷くのは、サロンの来客用テーブルなので、来客後の掃除はテーブルクロス丸ごとで行いますが、キッチンでの食事は木製テーブルのままです。パン屑のみならず、コンフィチュールが落ちてべたつく場合もあるし、ファンファンのフランス人らしい朝ごはんの食べ方によって、朝だけでテーブルクロスが汚れてしまうのは明らかだからです。でも、そんな汚れ放題のテーブル上を、パン屑ごと一気に掃除できる技があるのです。

　フランスの家庭で食卓を掃除するのに使われるのは、なんと「食器洗い用のスポンジ」！　日本でテーブルは台ふきんで拭くとしつけられた私にとっては、フランスに来た当初はそれはそれはカルチャーショックでした。食器を洗うのに使うスポンジでテーブルを拭くだなんて、汚らしいとまで思ったものです。が、郷に入っては郷に従えで、これが実は便利なことこの上ない！　まず、テーブルの上のパン屑を1カ所に集めながら、水で濡らしたスポンジで軽く拭きます。続いてコンフィテュールがこびりついている部分をスポンジの硬い方でこすって取る。一度スポンジを洗って絞ったら、再度テーブルの全面を拭いておしまい。

木製テーブルに直に置いたタルティーヌ。パン屑を豪快に撒き散らして食べるのがフランス流です。

食器洗い用スポンジは、水気をしっかり絞ることができ、そのまま置いておくだけですぐに乾く便利モノ。一定期間使った後は、掃除用にしたり、捨ててしまうこともできます。定期的に殺菌消毒もしなくはならない、長期間使う台ふきんよりも、正直言って清潔なのでは？　箸を使って小ぎれいに食べる和食とは異なり、パン屑はもちろんのこと、ナイフとフォーク以外に手も使って食べることがあるフランスの家庭料理は、テーブルの上が汚れやすいということもあるでしょう。

さて、食器洗い用スポンジで集められたテーブルの上のパン屑ですが、我が家ではゴミ箱に捨てることは決していたしません。パンの屑とはいえ、ゴミではなく、あくまでも食べられる物ですからね。テーブルクロスの場合のように、外に捨てて小鳥にあげる人も田舎だけでなくパリにも多いのですが、鳥は鳥でも我が家では違う鳥にあげます。

うちにいる鳥と言えば、ニワトリ。鶏卵はもちろんのこと、行く行くはうちの食卓を潤す食肉となるこの家禽は、何でも食べてくれるのが素晴らしいところ。以前、フランスのテレビ番組で家庭ゴミを減らす対策として、一家に一羽ニワトリを飼うことを奨励しているのを見たことがあります。うちではパン屑のみならず、野菜を切ると出る生ごみはすべて、ニワトリにあげちゃうのです。

したがって、家禽用として常に大きなバケツがひとつ置いてあるのが、我が家のキッチン。毎食時に出るテーブル上の大量のパン屑だって、スポンジを使ってバケツの中に放り込めば、掃除はあっという間。朝ごはんのタルティーヌだって、テーブル上にパン屑を心置きなく散らかして、食べることができるわけです。もちろん、うちのニワトリたちも大満足なのは、いわずもがなでしょう！

＊バゲット【baguette】日本ではフランスパンとしてお馴染みの細長いパン。P66参照。

（上）我が家の元気なニワトリたち。通常のエサ以外に、キッチンから出る野菜クズなどの生ごみはすべてあげてしまいます。チーズの皮やムール貝の殻だって食べてくれます。（下）季節によって数は異なりますが、ニワトリからのお返しは毎日生み落してくれる新鮮な卵。生み落したばかりの卵はほんのり生温かいのです。

Le bon boulanger n'est pas aimable.

美味しいパン屋は愛想がない

小さなパン屋の大きな問題
Un gros problème d'une petite boulangerie.

ノルマンディー地方にある我が家は、人口500人程度の村にあります。この小さな村にある商店と言えば、パン屋さん1軒、気まぐれ営業のレストラン1軒、最近できたばかりの手作り雑貨店1軒のみ。フランスの生活に必須のパン屋さんとはいえ、近年は個人経営の食料品店とともに大型スーパーに負けてしまうところも多く、各村にあるとは限りません。さらに、パン屋さんが家の近くにあったとしても、作られるパンが美味しくなくては買いに行きたくないというもの。パリならば、近所に何軒かあるパン屋さんのうち、お気に入りを選べばいいところ、田舎ではそうというわけにはいかず。美味しいパンを焼くパン屋さんが家の近くにある我が家は、まさに幸運かと思いきや、問題は他にあったのです。

（上）フランスの北西部にあたるノルマンディー地方は、イギリス海峡に面した地域でも。場所によっては、ノルマンディー特有の断崖が連なる壮大な風景が見られます。（下）壁に木組みが見えるのが、ノルマンディー地方の昔ながらの家。フランスは地方ごとに家の特徴が異なるため、いろんな地方を訪れてみると面白いですよ。

村にあるこのパン屋さんは、ご主人がパンを焼き、奥さんが焼き上がったパンを店頭で販売するという、一般的な家族経営。ここで私たちが日常的に買う、昔ながらの手法で作られる「バゲット・ドゥ・トラディスィヨン」は、こんがりと焼かれた皮の表面に、切り目のクープが元気いっぱいに弾け、中からはもっちりとした弾力のある身が出て来る、何とも食べ応えのある美味なるものなのです。ご多聞にもれず、焼き立てのバゲットを食すことを心より愛するうちのフランス人、ファンファンは、ほぼ毎日のようにバゲットを買いに、村のパン屋さんへ出かけます。

さて、問題と言うのが、このパン屋さんのマダム。まさに「典型的なフランス女」である40代後半のマダムは、田舎のパン屋さんにしては珍しく、毎日バッチリと化粧をして華やかな柄のワンピースで着飾り、店番をしています。それはまあ、接客する側として身だしなみを整えるのは当然とも言えますが、このマダムときたら客が男性か女性かで、なんと接客態度が変わるのです。フランスに旅行にいらっしゃるみなさんは、覚えていて損はないと思いますが、何か問題があったら、女性ならばフランス人男性に、男性ならばフランス人女性に解決をお願いした方がうまくいく、というのがフランスでの鉄則です。例外ももちろんありますが、異

性にやさしいのがフランス人というもの。

パンを買って来るのはファンファンの役目なので、私は数えるほどしかパン屋さんに行ったことがありませんが、それでも最初の頃、パンを買いに行くと、店の外を眺めながら値段を伝え、パンとお釣りをカウンターに置き、私と目も合わせないマダムの接客態度に呆れたものでした。男性であるファンファンはもちろん、優遇されていた側のため、最近までマダムの接客が客の性別によって異なることに気が付かなかったよう。さらには、男性であれ、女性であれ、その日の機嫌によって接客態度が変わるという、「典型的なフランス人気質」をもお持ちだったのです。

ファンファンの両親も同じ村に住んでいるため、パンを買いに行くのは同じマダムのパン屋さん。ある日、パンとともにデザートのケーキを買おうとした、ファンファンのパパ。パンを包み終わったマダムに、「それから、このケーキ2個もよろしく」とお願いしました。するとマダムは聞こえよがしに深いため息をつき、台の上にケーキ用の箱をドンと乱暴に置いたのです。目を丸くするファンファンのパパの前で、さも面倒くさそうにケーキを箱の中に入れ始めたのだとか。そんなマダムの日によって変わる接客態度が気に食わず、同じ村に住みながら「絶対、あのマダムのパン屋には行かない」と、絶交宣言をしている住人もいます。

優遇されていたファンファンも、マダムが気分によって態度を変えるのは百も承知。パン屋さんから帰って来ると、「今日のマダムは一言も話さなかった」と、天気のようにその日のマダムの様子を伝えてくれます。でも、彼女がご機嫌の時は、うちに

いる動物用に売れ残りのパンをタダで、小麦粉が入っていた大袋いっぱいにくれることもしばしば。

また、猫好きで猫を飼っているマダムは、うちの猫が行方不明になった時に、店頭に迷い猫の張り紙をしてくれたり、猫探しのサイトを紹介してくれたり、とても親身になってくれたのです。それ以降は、私がたまにパン屋さんに行くと、猫の話ばかり。同じ猫好きとして、女であったとしても私のランクが少し昇格したのでしょうね。だから結局のところ、そんなに悪い人ではないと思うのだけれど、商売をしているくせに、自分の感情がコントロールできないとは、いかがなものなのでしょう。

接客態度の悪いフランス人

Les Français ne sont pas aimables.

「接客態度の悪さ」と言えば、たぶん世界一を誇るのではないかと思うくらい、パリの悪名高きイメージのひとつです。数年前にパリのプチホテルの取材をした際、あるホテルのマネージャーさんが話していましたが、パリジャンのあまりにもひどい扱いに、日本人宿泊客に泣きつかれたことがあるのだとか。

その日本人は一人で旅行に来ていた若い女性で、閉店間際のスーパーで品物を持ってレジに向かったところ、「もうレジは閉めたから、会計できないわ」と追い出されたとのこと。たぶん、それだけではなく、旅行中のさまざまな場面でのパリジャンたちの冷たい態度に、一人旅行だったこともあり、鬱憤が溜まっていたことでしょう。ホテルのマネージャーさんは、同じパリジャンとして、旅行者を泣かすパリジャンたちの接客の悪さを恥じていました。

もちろん、このマネージャーさんのようにやさしいパリジャンだって多くいるのですが、問題は旅行者として訪れると接することになるであろう、地下鉄の切符売りとか、スーパーのレジとか、ブティックの店員とかのパリジャンたちに、冷たい人が多いということ。「お客様は神様」と言った徹底したサービス精神のある国からやってきた日本人にとっては、なぜにそんなにそっけない態度で客を迎えるのか、びっくりしてしまいますよね。

村のパン屋のマダムは特別として、自分の店を持っていて、自分の接客態度が売り上げに響くようなオーナーならば、商売人としての愛想をちゃんと持っているパリジャンも、もちろんいます。しかしながら、雇われているパリジャンたちの多くにとっては、仕事というものは嫌で面倒なものでしかないのです。

したがって、それは旅行者だからというわけではなく、すべての人々に対しても同じ態度だということ。そして、一部のパリジャンたちの傲慢な態度は、他のパリジャンにはもとより、パリの外で暮らすフランス人にとっても、よく話題に上る悪評のひとつなわけで

パリではお洒落な店で美味しいパンを焼くパン屋さんが増えました。店員の愛想も改善されてきていると私は思います。

す。とはいえ、村のパン屋のマダムのように、割合は減ったとしても、これはフランス人全体にも言える話。

嫌な仕事をしている上、知らない人に向かって意味もなく愛嬌を振りまくということに慣れていないフランス人は、初対面ではむっつりとした印象になることがあります。また、自分の不機嫌さを隠そうともしない人々のため、例えば、地下鉄の電車の故障で遅刻したとか、道に落ちていた犬の糞を踏んでしまったとか、それとももっと人生最悪なる思いをしたという、その日に限って機嫌の悪いフランス人に、運悪く当たってしまう可能性もあるのです。しかしながら、ちょっとしたことで超ご機嫌になるのもフランス人。会話を交わした途端、相手の態度がガラリと変わるなんてことも日常茶飯事。気に入った相手にはとことん親切にしないと気が済まないフランス人も多く、はっきり言って「分かりやすい人々」なわけです。私が猫好きだと知った後の、マダムの態度を見ても納得ですよね。

村にパン屋さんがない場合は、車で移動販売してくれるところも。パン屋さんからパンを仕入れて売る食料品店もあります。

だからフランスに住んでいる者としては、フランス人の愛想のない接客態度というものは、ごく普通のこと。時々、ムッとしたら言い返したり、それとも逆におだてて機嫌をよくしたり、嫌な店員への適当な対処方法を身につけていくわけです。そしてフランスで暮らしていると、特に冷たい接客を強いられる場所と言うのが、他でもないパン屋さんだと、私は思うのです。

なぜならば、

1、同じパン屋さんにほぼ毎日行かないといけない。

したがって、村のパン屋のマダムのように、感情の起伏が激しい店員であれば、それを毎日目のあたりにするということ。

2、美味しいパンを作っていれば、店員に少々愛想がなくても買う客がいる。

もちろん、「美味しいパンを作っている愛想のいいパン屋さん」が断然に多いとは思うのですが、「不味いパンを作っている愛想のないパン屋さん」もあることでしょう。とにかく、フランスの食生活に欠かせないパンを作っているため、愛想がなくとも売れるという考えがあるに違いない。

3、パン屋さんは対面販売のため、店員とやり取りをしなくてはいけない。

だからこそ、店員のその日の機嫌がすぐに分かってしまう。また、フランス語が苦手な外国人は馬鹿にされやすい。などといった理由で、フランスのパン屋さんには傲慢な店員が多いと思うのです。

さて、美味しいパンを愛想なく売っていた、うちの村のパン屋さんですが、昨年の春、経営上の問題で、なんと閉店してしまったのです！　うわさによると稼ぎを上回るほどのマダムの浪費癖が致命傷だったとか。

　その1カ月後には、新しい夫婦がパン屋さんを引き継ぎに、引っ越してきました。ファンファンは張り切って新しいパン屋さんに通い始め、新マダムはグアドループ出身の黒人女性で接客も穏やかだという、報告をしてくれます。彼女のフランス人の旦那さんが作るパンはそれなりに美味しかったのですが、なぜか焼く量が少なくて、すぐに売り切れてしまうことも。時々手ぶらで帰って来るファンファンに聞くと、「機械の故障が原因らしい」とのこと。結局、私は一度も訪れることなく、新パン屋さんもたったの1カ月で閉店してしまいました。

　こうして村に1軒しかなかったパン屋さんは、現在では0軒に。ファンファンは3㎞離れた隣村か、車で10分のところにある一番近い街のパン屋さんまでパンを買いに出かけなくてはならなくなりました。よって、我が家ではパンを冷凍庫に常備しておくことを余儀なくされることになったのです。

　となると、やっぱり「愛想がなくとも、美味しいパン屋さん」が家の近くにあって欲しいと思ってしまう私。これが、フランスの接客の悪いパン屋さんを増長させる要因なのでしょうね。

＊バゲット・ドゥ・トラディスィヨン【baguette de tradition】昔ながらの製法で作られるバゲット。多くのパン屋さんでは、普通のバゲットとトラディスィヨンの2種類が売られています。お値段もトラディスィヨンの方が若干高い。
＊クープ【coupe】P73 参照。
＊マダム【madame】既婚の女性に対しての敬称、呼び名。未婚で若い女性はマドモワゼル【mademoiselle】。
＊パパ【papa】お父さん。
＊パリジャン【Parisien】パリに住む男性のこと。女性も合わせた総合的な意味でも使われます。
＊ブティック【boutique】小売店。
＊グアドループ【Guadeloupe】カリブ海にある島のひとつで、フランス海外県。

フランスの食生活に欠かせないパン屋さん。作るパンの味わいから店員の愛想まで、パン屋さんの数だけ異なるのです。

〈 PETIT DÉJEUNER AU CAFÉ 〉

カフェの朝ごはん

朝のパリのカフェ

パリでそれぞれの仕事をしている私とファンファンは、ノルマンディーとパリを行き来する生活を送っています。よって、パリの近郊にパリ滞在用の小さな山小屋があるのですが、近郊といえども駅が近くにないので、パリに電車で出るのはちょっと不便。したがって、ファンファンと一緒に朝早く車でパリへ出かけるのが日課になっています。そして、パリに着いてから、カフェでゆっくりと朝ごはんを食べるのが私の何よりの楽しみというわけ。

取材や撮影で、毎回パリの異なる場所に赴くため、朝ごはんを食べるカフェは決まっていません。知らない場所に行くことも多いので、早めに出向いて、近くにあるカフェで朝ごはんを食べながら、約束の時間までのんびりするというのがいつものパターン。しかしながら、パリの中心ならば選びたい放題あるカフェでも、パリの外側にある住宅地やパリ郊外へ行ってから探すとなると、最悪の場合はカフェが1軒もないということも。フランスにはコンビニもないため、場合によっては朝ごはんを食べずに仕事をしなくてはいけないはめにもなりかねない、結構な賭けでもあるのです。さらには、駅前に1軒だけあったとしても、それが胡散臭いカフェだったりする場合もなきにしもあらず。

　でも、初めて行く地区や街を、カフェの中から眺めるのは面白いもの。特に地区によってさまざまな表情を持つパリは、その場所によってカフェの雰囲気も異なります。サン・ジェルマン・デ・プレ界隈の老舗カフェ、マレ地区のお洒落カフェ、シャンゼリゼ大通りの観光客向けカフェ、カルチェ・ラタンの学生が集うカフェ、16区の高級住宅地にあるシックなカフェなどなど。その他、それぞれの地域に根付いた下町カフェがまだまだ残っているのがパリという街。カフェという器だけを見ても、カウンターが主体の昔ながらのカフェから、小ぎれいでデザイン的な現代風カフェまでさまざま。さらにそこに集う人種によっても、いろん

パリジャンからツーリストまで多くの人々が日常的に利用するパリのカフェ。パリの風景になくてはならない重要な要素でも。

なカラーに色付けされるパリのカフェは、まさに千差万別なのです。

とはいえ、朝のカフェはまだまだ客が少ない時間。平日、私のようにのんびりと朝ごはんを食べている人と言えば、当たり前ながら観光客ぐらいしかいません。大抵のパリジャンはカウンターでエスプレッソを1杯飲むか、食べてもクロワッサンを1個つまむくらいで、長居をせずに颯爽と出かけて行きます。ちょっと時間に余裕があるならば、新聞に目を通すパリジャンも見かけますが、それも稀。

メトロは通勤のパリジャンたちで賑わう時刻ながら、街中で開いているのはまだパン屋さんとカフェぐらい。季節によっては霧がかかり、ぼんやりと寝ぼけ眼といった朝のパリは、それはそれは清々しいものです。まだ空気は汚れておらず、行き交う車はまばらで、気の早い観光客がチラホラと見えますが、道を行くパリジャンたちも圧倒的に少ない。これから街全体が目覚め、活気が溢れるいつものパリへと始動してゆく様子が、カフェの中にいる私にもじわじわと伝わって来るのです。

そんな、「朝のパリ」をクロワッサンと一緒にカフェオレで流し込んだら、私も動き出す時間。さてと、パリの1日の始まりです。

＊カフェ【café】 エスプレッソ1杯から利用できる喫茶店。1日中軽食を出してくれるところもあれば、昼と夜はレストランのように食事を楽しめるところも。

＊サン・ジェルマン・デ・プレ【Saint-Germain-des-Prés】 パリ6区にあるサン・ジェルマン・デ・プレ教会を中心とした、ショッピングエリア。

＊マレ【Marais】 パリ3、4区にあたる、元貴族の館が集まった歴史的な地区のこと。お洒落で小さなお店が点在。

＊シャンゼリゼ【Champs-Elysées】 パリ8区にある世界的に有名なシャンゼリゼ大通り。ツーリストで賑わう大通りの端には凱旋門があり、パリ観光の中心。

＊カルチェ・ラタン【Quartier Latin】 パリ5区の昔から教育関係の施設が集まった、学生の多いエリア。

＊クロワッサン【croissant】 三ヶ月形のパン。P78参照。

＊メトロ【métro】 パリジャンたちの足として欠かせない地下鉄。

47 Au café

(右上) パリ10区にある、映画『北ホテル』で有名な「オテル・デュ・ノール」は、昔ながらの雰囲気を残した粋なカフェに変身。(右下) 狭い歩道をものともせず、テラス席を1テーブルだけ張り出した、典型的下町カフェ。立ち飲みスペースさえもテラス席になっています。(左上) パリ2区にあるデザイン的カフェの先駆、「カフェ・エティエンヌ・マルセル」は長年に渡ってパリジャンたちに愛されています。(左下) パリ観光のメインである、ルーヴル美術館の美しい回廊を利用したシックなカフェ、「カフェ・マルリー」。ギャルソンたちの接客の仕方も、カフェの雰囲気によって異なります。

カフェの定番朝ごはん

パリのカフェの朝ごはんメニューは、大きく分けて2種類あります。1つは、コンチネンタル・ブレックファーストの「プティ・デジュネ・コンチネンタル」と呼ばれる、「大陸風朝ごはん」。フランス語では「プティ・デジュネ・ア・ラ・フランセーズ」や「プティ・デジュネ・クラシック」とも言われ、温かい飲み物+タルティーヌのセットです。タルティーヌは、クロワッサンかパン・オ・ショコラが選べたり、オレンジジュースがついてきたりしますが、フランスの家庭での基本の朝ごはんと同じ、甘いおやつみたいなものですね。

もう1つはイングリッシュ・ブレックファーストの「プティ・デジュネ・アングレ」やアメリカンブレックファーストの「プティ・デジュネ・アメリカン」と呼ばれる、「イギリス風(またはアメリカ風)朝ごはん」。先の温かい飲み物+タルティーヌに加えて、卵料理やチーズ、シリアル、フルーツサラダなどがいろいろとついてくる、ボリュームたっぷりのセットのことです。

温かい飲み物にタルティーヌ、クロワッサン、時にはオレンジジュースが付いてくるのが、一般的なカフェの朝ごはん。

産業革命とともに定着したとされる、このイギリス風朝ごはんはまさに、朝にしっかり食べて仕事へと向かった労働者のための朝食だったとのこと。フランスでも、朝に食事を取ることが一般化したのは、労働者が増えたという理由もあるのですが、しかしながらその扱いが「おやつみたいなプティ・デジュネ」に留まったということは、そのことからもフランス（大陸）とイギリスの、労働に対する意気込みの差が伺えるというものですよね。

パリのカフェといえども観光地エリアならば、これら2種類の朝ごはんメニューがありますが、下町カフェになるとフランス風朝ごはんセットしか置いていないこともしばしば。日本にいた時からパン食の朝ごはんだったし、フランス在住になってからもフランスの伝統的朝ごはんを食べ続けている私は、カフェにイギリス風朝ごはんのメニューがあったとしても、選ぶことはありません。私の脳内では、「朝ごはん＝甘い

（右）カフェの朝ごはんメニューが書かれた黒板。「ちょっぴり」でエスプレッソとタルティーヌ、「たっぷり」で温かい飲み物、オレンジジュース、ヴィエノワズリーの2つのセットがあるようですが、量的にあまり変わらない気が。（左）フランスの代表的な卵料理である、「ウフ・ア・ラ・コック」の半熟卵が選べるカフェも。とろりと流れる黄身の味わいはたまりません！

ものを食べる」という図式が出来上がっており、今さら朝に卵料理とか、チーズとかを食べたいとは思えないのです。もちろん、白米に焼き鮭の日本的朝ごはんセットだって、温泉旅館の特別な朝は頭を切り替えて楽しめたとしても、やはり私にとっては毎朝食べたいものではありません。

　カフェの朝ごはんメニューにタルティーヌがある場合は、バゲット½本分ほどの長いタルティーヌが出て来ることもあります。そこにギャルソンの好みによってバターがべったりと塗られて出て来たり、別添えになったバターとコンフィテュールを自分の好みで塗ることができる場合も。しかしながら、下手するとクロワッサンとカフェオレだけになってしまうカフェの朝ごはんは、これから仕事をする者にとって、どう考えても足りなすぎるというもの！　昼前には、小さくて軽いクロワッサンはすっかり消化され、きゅるきゅるとお腹が悲鳴を上げてしまいます。

　その度に、カウンターでクロワッサンだけをつまんで立ち去るムッシューが、果たしてちゃんと午前中の仕事を恙なく終わらせているのか、心配でならないのです。イギリス風までは必要ないけれど、もう少しカフェの朝ごはんセットにボリュームを持たせ、パリジャンたちに働く意欲を与えて欲しいと、私は思わずにはいられません。


---

*プティ・デジュネ・コンチネンタル【petit déjeuner continental】大陸風朝ごはん。

*プティ・デジュネ・ア・ラ・フランセーズ【petit déjeuner à la française】フランス風朝ごはん。

*プティ・デジュネ・クラシック【petit déjeuner classique】伝統的な朝ごはん。「プティ・デジュネ・トラディショネル【petit déjeuner traditionnel】」とも。

*パン・オ・ショコラ【pain au chocolat】チョコレート入りパン。P82参照。

*プティ・デジュネ・アングレ【petit déjeuner anglais】イギリス風朝ごはん。

*プティ・デジュネ・アメリカン【petit déjeuner américain】アメリカ風朝ごはん。

*ギャルソン【garçon】カフェのウェイターのこと。呼ぶ時は「ムッシュー」が一般的。

*ムッシュー【monsieur】男性に対しての敬称、呼び名。

Les cafés modernes vs
les cafés vieillots.

お洒落カフェ vs おやじカフェ

地区によってさまざまな雰囲気が楽しめるパリのカフェですが、異なるのは雰囲気だけではありません。「お値段」もその雰囲気に合わせて上がったり、下がったりするのがパリのカフェでもあります。

値段が一番高いのは、言わずと知れた観光地エリアのツーリスト用カフェ。同等またはその下に格式高い老舗カフェがあります。その次がボボたちに人気のお洒落カフェ、そして地元民で賑わう下町カフェの順に値段が下がっていきます。さらに地区によっても、値段が変わるのは当たり前。同じ下町カフェでもパリの中心から外側へと行くにつれて、エスプレッソ1杯の値段が1ユーロも異なることだってあり得るのです。

したがって、日常的にカフェを利用する私としては、値段が高いツーリスト用カフェは避けて通るべきもの。エスプレッソ1杯だけならまだしも、フランスの伝統的な朝ごはんセットともなると、下町カフェの1.5倍以上の値段を取られることが確実。だから、外観的にも

53 Au café

（上）パリのカフェになくてはならないのがギャルソンの存在。忙しい時間帯はそっけない人もいますが、全体的にギャルソンたちはパン屋さんの店員よりも人懐っこい人が多いと思うのは、私が女だからでしょうか？（下）パリのカフェの中には、昔ながらの内装そのままのところもまだまだ多く、古きよきカフェ文化の香りも楽しめます。

安そうなカフェを選びます。

下町カフェは、大抵カウンターで常連の客がたむろし、たまに朝からワインを飲んでいるムッシューの姿を見かけることもある庶民派。現在、カフェ内は禁煙になってしまいましたが、その昔はタバコの煙が充満し、床には吸い殻が散乱しているような、飾りっ気も何もない昔ながらのカフェです。パリに住む日本人の友達内で、そんな下町カフェを「おやじカフェ」と命名。アラベスクや幾何学模様の床タイルに、ザングと呼ばれる亜鉛製の長いカウンターを備えたおやじカフェには、パリの古きよき残り香が漂い、私にとってはまさに好みのカフェというわけです。

ただし、そんな安くて雰囲気のいいおやじカフェにも難点があります。まず、トイレが狭い！　パリの古いカフェは、地下にトイレがあることが多いのですが、人間２人がすれ違うこともできないほど狭い階段を降りたところにあり、さらにドアを開閉するにも、便器の横に立たなくてはいけないくらいの極小スペースだったりします。パリのトイレに荷物やコートを掛けるフックなんて、ご丁寧に備えられてはいませんから、泣く泣く荷物を床に置くこともしばしば。悪くすると男女兼用でトイレが１つしかないこともあり、お世辞にも清潔とはいえないのが、おやじカフェのトイレなのです。

そして、下手すると朝ごはんが不味い時がある。パリのカフェのカフェオレは、一般的にエスプレッソ

にミルクを加えて作られているのですが、コーヒーの味が薄くて、コーヒー風味のミルクのような場合があるのです。また、タルティーヌにバターとコンフィテュールがすでに塗られて出て来る場合は要注意。１度だけ、このタルティーヌが乳臭いようなウッと来る味がして、一口しか食べられなかったことがあります。たぶんバターがヤバかったんじゃないか思うと、しばらくカフェでタルティーヌを頼むのが恐怖でした。

　クロワッサンはパン屋さんからの仕入れなので、どのパン屋さんで作られたかで味はもちろん異なるわけですが、おやじカフェで美味しいクロワッサンに当たるのはなかなか難しいもの。ま、安かろう悪かろうとも言えることなのでしょう。

「パリのトイレなんて狭くて汚いもの」と割り切ることはできたとしても、「朝ごはんが不味い」時には、本当に朝からげんなりしてしまいます。そこで次に、美味しい朝ごはんを求めて私が目指すのは、ボボ好みのお洒落カフェ。パリでもコーヒー豆から、エスプレッソマシンやドリップなどの淹れ方にもこだわった、「コーヒーが美味しい」カフェが増えています。そんなお洒落カフェの朝ごはんは、スコーンやマフィン、パウンドケーキ、クランブルなど選べる食事の種類もさまざま。「せっかくパリのカフェで食べるのだから、家の朝ごはんとは違うもの」と、フランス風朝ごはん一辺倒の私も、時々ロンドン風やニューヨーク風に浮気します。でも楽しむのは時々。なぜなら、これらのお洒落カフェは、私にはどうにもきれいすぎるのです。

　まず、パリのカフェの醍醐味であるテラス席が、お洒落カフェにあるところが少ない。天気がいい日はテラス席に、パリジャンと競い合って陣取る私。いくら店内がロフト風にかっこよくデザインされていても、テラス席がないカフェなんてカフェじゃない！　パリの朝の清々しい空気は、テラス席でこそ楽しめるものなのですから。

さらに、お洒落カフェにはムッシューたちが集うカウンターがない。カウンターでギャルソンと延々とおしゃべりを楽しむ常連たちがいてこそ、パリのカフェ文化が今に継続されているというもの。お洒落カフェにいくら笑顔が素敵で愛想のいい若いウェイターがいたとしても、おやじカフェの仏頂面ながらたまに冗談を言って客を楽しませる年配のギャルソンの方が、私はパリの雰囲気をひしひしと感じるのです。そんな人間臭さが染みついたカフェの方が、パリには断然にお似合い。お洒落カフェはパリでなくとも、ロンドンでもニューヨークでも、もしかしたら東京でも、どこでも見られる風景だということ。

だから、いつもと違う朝ごはんを食べにお洒落カフェにちょっと浮気しても、下町の常連客がはびこる、狭いトイレのおやじカフェに舞い戻ってしまう私なのです。テラス席で太陽の日差しをさんさんと浴びながら、いつものフランス風朝ごはんを楽しむ、幸せなひととき。たまに不味い朝ごはんに当たったならば、パリジャンのように顔をしかめてぶつぶつと独りごち、「はぁ、これぞパリのカフェ」と深いため息をつくのです。

＊ボボ【bobo】ブルジョワ・ボヘム【bourgeois bohème】の略。伝統的な生活様式に囚われず、自分スタイルでお洒落に暮らす、上流階級出や資産家の人々のこと。

＊ユーロ【euro】欧州全体で使われる単一通貨。1ユーロは約133円（2015年12月現在）。

＊ザング【zinc】その昔、カフェのカウンターは亜鉛製が主流だったため、カウンターそのものを「ザング（亜鉛）」と呼ぶことも。

＊テラス【terrasse】カフェの屋外に張り出した席のこと。寒くなるとストーブが設置され、外でも快適に過ごせます。

57 Au café

（上）お洒落カフェでは、定番以外にも朝ごはんのメニューは豊富。フランスを代表するパンを使った料理ながら、実はカフェではあまり見かけない「フレンチトースト」がある場合も。（下）ロンドン風、ニューヨーク風だけでなく、パリ風なお洒落なカフェもいろいろあります。ただし、そんなカフェでの朝ごはんメニューは、定番と変わらない場合が多いです。

Apporter du pain
dans un café de campagne.

パンを持ち込む田舎のカフェ

パリの中心には選びたい放題あるカフェながら、パリ郊外へ出ると駅前にすらカフェが1軒もないことがしばしば。となると、田舎へ行けば行くほど、さらにカフェを探すのが困難となるのは明白です。ノルマンディー地方の我が村にも、やはりカフェはありません。1軒ある不定期営業のレストランが以前はカフェで、仕事前にグラスワインで一杯やるムッシューたちが朝からカウンターを賑わしていた時代もあったようですが、それもいまや昔。仕事や多種多様化する娯楽で忙しい現代人は、カフェで一杯ひっかける時間もなくなってしまったのでしょう。かつてフランスのひとつの村になくてはならなかった、個人経営の食料品店、パン屋さん、カフェは減る一方にあるようです。

でも、パン屋さんと比べると、家の近くにカフェがなくとも、生活上困ることはありません。ノルマンディーの家にいる時は、もちろん、カフェで朝ごはんを食べないからです。問題となるのは、フランスを旅

昔ながらのカフェに幾何学模様のタイルとカウンターがあるのは、田舎もパリも同じです。

行中のこと。ホテル以外にジットや貸しアパルトマン、キャンプなど、朝食の出ないさまざまな宿泊施設があるフランス。ホテルに宿泊しても朝食は別料金のため、ホテルで高くつく朝ごはんを食べることは、基本的に私たちはしません。それよりも街中にあるカフェで、旅先の雰囲気を楽しみながら朝ごはんを食べた方がいいってもの。

しかし、田舎でせっかく見つけた貴重なカフェに、朝ごはんメニューがないこともあります。大抵、そんなところは、カフェというよりもバーという感じ。タバコが買えるタバを併設していたり、スクラッチや数字選択式のスピードくじを扱っているため、朝から営業していても飲み物が頼めるだけで、食事のメニューがないのです。しかし、フランス的朝ごはんは、カフェオレとタルティーヌのシンプルなもの。いくらカフェに食事のメニューがないからといって、絶望することはありません。

大抵、食事のメニューがないカフェでは、「近くにパン屋さんがあるから、パンを買っておいで」と言ってくれます。そして、パン屋さんでクロワッサンやパン・オ・ショコラを買って戻り、カフェで頼んだカフェオレとともに朝ごはんとなるのです。正直言って、パン屋さんで朝ごはん用パンを買って来るのはうれしいもの。何といっても焼き立てである場合が多いし、そ

田舎のパン屋さんの醍醐味は、パリのパン屋さんにはない地方独特の菓子パンがあるところ。ぜひ朝ごはんに味わいたいもの！

してワンパターンなカフェの朝食メニューである、タルティーヌかクロワッサン、もしくはパン・オ・ショコラという、限定されたパンの選択の幅が一気に広がるからです。

パン屋さんならば、ショソン・オー・ポムやパン・オー・レザン、クロワッサン・オー・ザマンドなど、食べたいパンが選びたい放題なのは当たり前。いや、たとえカフェに朝食メニューがあったとしても、できることならばパン屋さんで買ってきたパンをカフェで食べたいくらい。それこそ、家では普段食べない朝ごはんが外出先で食べられるというものでしょう。

でも、よくよく考えてみると、パン屋さんが近くにあるカフェで、どうして朝食用のクロワッサンぐらい仕入れておかないのでしょうか？　もちろん、そのカフェで朝ごはんを食べる客が少ないからなのでしょうが、クロワッサンくらい置いておけば、絶対に何人かの客は小腹の足しとして食べるに違いない。とはいえ、同じクロワッサンだとしても、パン屋さんで買うものとカフェで食べるものでは、値段が異なるのは当然。客としては自分で買ってきた方がいいわけですが、朝食用クロワッサンで売り上げをちょいと伸ばす気もないのが田舎のカフェ。フランス人の仕事への意欲のなさがここでも見えるというものでしょう。

パリでは、パン屋さん経営の軽食チェーン店がだいぶ増えました。カフェよりも安いし、パンの種類は豊富なので、私も朝ごはんを食べるのに利用したいのは山々ですが、やはり店舗が多いのはパリの中心。仕事で訪れる先にあるとは限らないのが残念です。

また、パリのカフェでも、パン屋さんで買ったパンを持ち込むこともあります。ただし、朝食メニューがあるカフェでは、やはりいい顔をしないギャルソンがいることも。テラス席で食べる分にはすんなりOKを出してくれる場合もあるので、一言断りを入れた方がいいでしょう。

パリに山ほどあるカフェとパン屋さんだからこそ、パン屋さんで焼き立てクロワッサンを、カフェで美味しいカフェオレを、というベストな組み合わせがもっと気軽に楽しめればいいのに！　なんて思ってしまう私は、ただの欲張りなのかもしれません。

＊ジット【gîte】貸別荘。１週間を基本単位として借りられる一軒家。
＊バー【bar】外見はカフェと変わらないところもあるのですが、飲み物のみをサービスする店。
＊タバ【tabac】タバコ販売所。タバコの自販機がないフランスでは、タバコはカフェが併設しているタバで買います。
＊ショソン・オー・ポム【chausson aux pommes】クロワッサン生地の中にリンゴのコンポートが包まれた菓子パン。
＊パン・オー・レザン【pain aux raisins】レーズンとカスタードクリームを巻き込んだ、渦巻き状の菓子パン。
＊クロワッサン・オー・ザマンド【croissant aux amandes】クロワッサンの中にアーモンドクリームを挟んで、再度焼き上げた菓子パン。

パリのパン屋さんが併設する食事スペース。店の大きさによりけりながら、カウンターしかない店もあります。

〈 Tartine ou Viennoiserie 〉

タルティーヌまたはヴィエノワズリー

Couper de la baguette par moitié d'épaisseur,
c'est la tartine!

バゲットを縦に切ると
タルティーヌ

日本でも今やお馴染みの細長いパン、「バゲット」。ベレー帽をかぶったムッシューがバゲットを持った姿を、パリのイメージとして描かれることが多いほど、フランスらしいアイテムのひとつです。そのイメージに負けず、フランスの食生活に欠かせないのも、このバゲット。多くの人々が仕事帰りなどにパン屋さんに立ち寄り、この細長いパンを手にして家路を急ぐのが、フランスの日常的な夕暮れ時の風景なのです。

その細長い特徴的な形は、買って、使って、食べてみると納得のもの。まず、パン屋さんで買うと、バゲットの真ん中に小さな包装紙をくるっと巻くか、または細長い紙袋に入れて手渡してくれます。お釣りとともに片手で受け取ることができ、手提げ袋に入れずとも紙で覆われた部分をそのまま持って歩ける、何とも持ちやすい形というわけ。焼き立てのふわりと立ち上る香りや温かさにお腹がぐぐ〜っと鳴ったなら、家に着くまでの間にバゲットの端っこを手でちぎって、ちょ

67 Tartine

バゲットの厚みを半分に切ると、バターやコンフィテュールが塗りやすい形に変身するのです！

いとつまみ食いをすることもできるのです。

夕食時になると、食べやすい大きさに輪切りにされ、料理のお供として食卓に出されるバゲット。料理の合いの手として、そのまま食べることはもちろん、お皿の上のソースをきれいに拭ったり、チーズを上にのせたり、さまざまなバゲットの食べ方ができるのもフランスならでは。でも、ここまでは日本のフレンチレストランなどでも見かける一般的な食べ方ですよね。

フランス的バゲットの食べ方に私がもっとも驚いたのが、何といっても朝ごはんの時。バゲットといえば、輪切りか中に具を挟んでサンドイッチにするかしか知らなかった私は、朝食用に縦に切られた新たなるバゲットの形を見てびっくりしました。

厚みを半分にされたバゲットは、外側の香ばしい皮がお皿のような役目を果たし、柔らかい身の方にバターやコンフィテュールをぐいぐい塗っても、穴が開くことはありません。何といっても手の平にぴったりと収まる細長い形がポイント。左手でバゲットを持ち、右手でバターナイフを上から下へと動かして、表面にまんべんなくバターを塗るのにも最適な形です。そんなところにもバゲットの細長い形の謂れがあったかと、思わず膝を打ちたくなるほどの大発明！　この厚みを半分に切ったバゲットは、「タルティーヌ」と呼ばれ、朝ごはんだけでなく、昼ごはんに生ハムやチーズなどいろんな具を上にのせて食べることができる優れものなのです。

この細長いバゲットにそんな変幻自在な能力があったとは！　フランスのパン文化の奥深さに唸らざるを得ないのは、私だけではないでしょう。

＊バゲット【baguette】 フランスで日常的にもっともよく食べられるパン、ナンバー1。レストランで出されるパンも、多くがこのバゲットです。
＊ベレー【béret】 ベレー帽。縁のない丸い帽子。
＊タルティーヌ【tartine】 厚みを半分に切ったバゲットのこと。他のパンでも上に具をのせたものはタルティーヌと呼ばれ、昼ごはんにも大活躍。

（上）ベレー帽をかぶるのはフランス人の身だしなみのひとつ。パリの街でも年齢性別を問わず、ベレー帽をかぶったパリジャンたちを見かけます。（右中）食事の時に出て来る、輪切りにされたバゲットの形は、私たちにもお馴染み。（右下）バゲットのみならず、フランスの朝ごはんに欠かせないパン。美味しいパンがあるだけで、あっという間に豊かな食卓に変身します。（左下）バゲットも小麦粉の種類や作り方によって、さまざまな名称がついています。パン屋さんには何というバゲットを売っているのか明記する看板がある場合も。

La bonne tartine,
la bonne cuisson.

タルティーヌは焼き加減が命

フランスの朝ごはんで出て来るタルティーヌには、ただの朝食用パンというだけでなく、もっと大きな役割があります。それは、「前日のバゲットの後始末」。日本的に言えば、「残飯整理」といった、ずいぶんパッとしないお役目ですが、ここフランスではとても重要なお仕事。何といってもほぼ毎日買うパンですが、夕食だけでうまい具合にバゲット1本を食べきるとは限りません。また、毎朝、起きてからパン屋さんに行って朝食用のバゲットを買って来るのは、億劫でもあるのです。となると、夕食時に残ったバゲットを翌朝に食べ尽くすというのが、無駄のないバゲットの食べきり方法というわけ。

しかし、ここで問題になるのが、前日に買ったバゲットは翌朝になると、表皮はぼそっとして締まりがなくなり、全体的に硬くなって、美味しさも半減してしまうということ。毎食に焼き立てパンを食べたいのは山々ですが、前述の理由があるとともに、夕食用と朝食用のどちらのパンの美味しさを優先させたいかというと、断然、夕食用なんですね。買ってきたパンに手を加えず、そのまま食べる夕食用は何といっても鮮度が一番。したがって、朝食用のバゲットにやはり「後始末」の役割を担ってもらうしかありません。

ノルマン男のクリスチャンは、「絶対、焼き立てのバゲットじゃないと嫌だから、毎朝、パン屋さんに行く」と言い張ります。「じゃあ、前日の残ったバゲットはどうするわけ?」と聞くと、「奥さんが食べてくれる」だって！

クリスチャンの奥さん、ミクはオランダ人で質素倹約をしっかり心得た人。だからこそ、わがままなクリスチャンとでもうまくやっていけるのだろうけれど、こんなケースは稀でしょう。

とはいえ、硬くなった前日のバゲットを、泣く泣く我慢して食べているようなフランス人たちでもありません。この朝ごはんのタルティーヌには、焼き立てとまではいかずとも、バゲットをおいしく復活させる技があるのです。

バゲットに限らず、硬い皮に覆われているのがフランスのパンというもの。パンは空気に触れるその外側の表皮や、切り口となって外側に出た身の部分から、刻一刻と乾燥していきます。ここで再び、タルティーヌの形をおさらいしてみると、タルティーヌとはバゲットの厚みを半分に切ったものでした。したがって、硬くなった外皮の中に閉じ込められていた、まだ柔らかいままの身が、半分に切るとともに全面に出て来るわけです。これをトースターで焼くと、あら不思議、バゲットの美味しさが復活するんです！

ちなみにフランスでトースターといえば、焼き上がると上にパンが飛び出す縦型ものが主流。日本でトースターといえば、トレイがついた横型のものをよく見かけますが、あれは食パンの上に具をのせて焼くこともできるというもの。私の実家の場合、横型トースターで餅を焼いたりもするし、他にもさまざまな使用方法がありますよね。フランスでは、パンの上に具をのせて焼くならばオーブンを使えばいいし、正月に餅を焼くことはないし、縦型トースターは完全なる朝のタルティーヌ専用というわけ。

上部は柔らかい身、下部は外側にあった表皮という、身と皮が半分半分となったタルティーヌ。トースターで焼くと、上部の身の表面がカリッと焼け、これが新たなる皮を作り出すのです。下部にある締まりのなくなった表皮はパリッと焼き立てのような風格を取り戻し、さらに内部にある身は、ふっくらもっちりの食感に蘇ってきます。

ただし、中途半端な焼き方では、この美味しさも復活できないのが、難しいところ。身の表面がこんがりと色づくくらいでないと、外側のカリッと内側のふんわりの絶妙な対比が再現できないのです。これは買ってきた時のパンの元々の味わいにも関係があること。こんがりした表皮でクープがしっかり持ち

上がり、身がぎゅっと詰まった味わい深いバゲットは、やはり翌日でもおいしく食べられます。

スーパーで売っているような工場製らしい、つるんとした表皮に、スポンジのように軽い食感のバゲット（写真左）では、石のように硬くなってしまうのもあっという間。さらには、復活技であるタルティーヌにしたとしても、トーストすると焼き上がるのが早く、うっかりして美味しいバゲットと同じ焼き時間で焼くと、真っ黒に焦げてしまうこともあります。そんな黒々した炭化タルティーヌで始まった朝は、その日1日がどんより暗いものになってしまいそうでしょ。

だから、タルティーヌの美味しさは、トースターでの焼き加減でも決まってくるというわけです。とはいえ、朝に焼き立てのバゲットを買ってきた日には、タルティーヌ形にバゲットを切ったとしても、トースターで焼くことは決してありません。焼き立てはそのままが、一番美味しいのですから！

しかし、焼き立ての柔らかすぎる身にバターやコンフィチュールを塗って食べても、実はイマイチ。いくら前日のパッとしない残り物バゲットを使ったとしても、表面を香ばしく焼き上げたタルティーヌには、焼き立てバゲットのタルティーヌだって、敵いやしません。

となると、朝のタルティーヌに対する「後始末」のレッテルを、もしかしたら撤回しないといけないかもしれませんね。

＊ノルマン【Normand】ノルマンディー地方に住む男性のこと。女性はノルマンド【Normande】と呼びます。本書では日本語でも分かりやすいように、「ノルマン男」、「ノルマン女」と明記させていただきました。

＊クープ【coupe】バゲットやその他のパンの表面にナイフでつける切り目のこと。パン職人のサインとも呼ばれ、パンによってさまざまなクープが見られます。

Une tartine avec les autres pains ?

バゲット以外のパンでタルティーヌ？

タルティーヌと呼ばれるのは、バゲットの厚みを半分に切ったものに限りません。バゲット以外にさまざまなパンがあるフランス。例えば、バゲット・ヴィエノワーズは、バゲットと同じく細長い形をしているため、同じように縦半分に切ったもの、大きめの丸いブールや楕円形のパン・ドゥ・カンパーニュなどは、薄切りにしたものがタルティーヌとなるのです。要するに、表面にバターやコンフィテュールを塗ることができたり、オープンサンドのように具をのせられるものがタルティーヌというわけ。

ところで、前日のバゲットの残パン整理が朝のタルティーヌの重要な役目でした。したがって、パン・ドゥ・カンパーニュを買ってきたならば、翌日の朝ごはんに登場するのは、やはり残り物のパン・ドゥ・カンパーニュとなるのはお分かりですね。しかし、大ぶりで皮が厚いパン・ドゥ・カンパーニュの利点と言えば、日持ちがすること。もちろん焼き立てに味わいは敵いま

フランスにあるパンの種類は本当にさまざま。時々、私が無性に食べたくなるのは、「パン・オー・ノワ」のクルミパンです。

せんが、翌日の昼ごはんや夜ごはんにだって、前日に残ったパン・ドゥ・カンパーニュを食べることができるわけです。

また、薄切りにしたパンで作るタルティーヌを見てもらうと分かる通り、パンの輪切りというものは表皮が周りにきて、身が真ん中という状態。いくら平らになった表面に、バターやコンフィテュールが塗れると言っても、力を入れすぎると柔らかい身の部分に穴が開いてしまうこともあるのです。もちろん、ここでもトースターで焼いて、身に新たなる焼き面を作ることで補強はされるのですが、バゲットの素晴らしき構造と比べると、明らかにその他の輪切りにされたパンの構造は、朝のタルティーヌとして劣ります。

パン・ドゥ・カンパーニュやパン・ドゥ・セーグル、パン・オー・ノワなど、小麦粉の他にライ麦や全粒粉、クルミなどの＋αの原料が使われているパンは、その深い味わいが魅力です。しかし、朝のタルティーヌと

（右）昔ながらの大きなパン、パン・ドゥ・カンパーニュは、香ばしい皮に包まれた深い味わいで私も好きなのですが、身が多い分、バターが塗りにくいのが難点。（左）自宅でパンを手作りするフランス人も増えています。美味しいパンを売るパン屋さんが家の近くになくても、パン焼き器があれば毎日、焼き立てのパンが食べられるというわけ。

しての味わいとなると微妙なところ。食事の合いの手としてパンそのものの味わいを楽しんだり、強い風味のチーズと一緒に食べるのが、これらのパンの醍醐味だからです。朝のタルティーヌにして、下手するとバターやコンフィテュールよりもパンの味が勝ってしまうのは、イマイチというもの。

そもそも、無駄な労力は元より、無駄に頭脳をも使いたくないのが朝ごはん。時にはパリのお洒落カフェや、旅先のホテル、シャンブル・ドットで非日常的な朝ごはんを食べたとしても、家にいる時ぐらいは何も考えず、寝ぼけ眼でも食べられる、いつも同じ味わいの朝ごはんが私の理想なのです。

そうなると、たとえ他のパンが残っていたとしても、朝のタルティーヌにはいつもと変わらずにバゲットを大抜擢したい。このワンパターンなフランスの朝ごはんを飽きもせず食べ続けていられるのは、自己主張しすぎず、脇役に徹しながらもシンプルに美味しい、バゲットのおかげというものなのでしょう。

＊バゲット・ヴィエノワーズ【baguette viennoise】卵、バター、砂糖が入った甘いパン。細長い形のため、バゲットの名がついています。
＊ブール【boule】丸い形をしたパン。
＊パン・ドゥ・カンパーニュ【pain de campagne】小麦粉とライ麦粉が混ぜ合わされた、酸味のある田舎風パン。
＊パン・ドゥ・セーグル【pain de seigle】65% 以上のライ麦粉が含まれたパン。
＊パン・オー・ノワ【pain aux noix】クルミが入ったパン。
＊シャンブル・ドット【chambre d'hôte】ベッド＆ブレックファースト。P92 参照。

Un croissant pour un jour spécial.

特別な日は
クロワッサン

フランスの朝ごはんと言えば、「カフェオレとクロワッサン」のイメージを持つ人が多いことでしょう。とはいえ、本書では最初から、フランスの朝ごはんは「カフェオレとタルティーヌ」と言い続けている通り、毎日の朝ごはんにはタルティーヌを食べるのがフランスでは一般的です。もちろん、毎朝、クロワッサンを食べる人も少数ながらいることでしょう。例えば、ファンファンのママン。お嬢様育ちで一度も働いたことのないファンファンのママンは、クロワッサンを毎朝1個食べます。なぜならば、「値段はそんなに高くないでしょ」とのこと。

いえ、庶民にとってクロワッサンの値段は高いのです！　もちろん、クロワッサン1個の値段は、パン屋さんによってさまざまながら、ヴィエノワズリーの中では一番安い0.70～1ユーロで、1個だけ買うのなら高くはないでしょう。でも、それを毎日食べるとなるとチリも積もればで、一番安く見積もっても、1カ月21.7

普段はタルティーヌを食べているため、クロワッサンが出て来るとそれだけで一気にリッチな朝ごはんになります。

ユーロ。

ちなみにバゲット1本の値段は、パン屋さんにもよりますが、クロワッサン1個と同じくらいの値段。でもバゲットが1本あれば、2人で約2食分になるところ、1人で1食分にしかならないクロワッサン1個は、高級だということが分かりますよね。さらに前日に残ったバゲットを昼か夜に食べなくてはいけないことに。幸運にも、ファンファンのパパが朝ごはんにはタルティーヌ派のため、クロワッサンは1人分のみの出費で済んでいるのです。

じゃあ、金銭的な問題をクリアしたとして、お金持ちだから毎朝クロワッサンを食べられるかというと、さらに他の問題も出て来ます。ずばり、カロリーが高いということ！ クロワッサン1個のカロリーは、約180㎉。バターをたっぷり使った美味しいクロワッサンほど、さらにカロリーが高くなるというわけです。ただし、ファンファンのママンはコーヒーにクロワッサンを浸して食べるだけなので、バターとコンフィテュールを塗った私のタルティーヌより、朝ごはんで摂るカロリーは少ないでしょう。

となるとカロリーを気にするならば、クロワッサンにはバターもコンフィテュールもなしで食べなくてはいけないということ。私がクロワッサンを食べる時は、バターとコンフィテュールを塗るなんて、そら恐ろしいことはできません。パリのカフェで食べるクロワッサン

も、何もついてきません。もちろん、時々だから食べられるわけで、毎日クロワッサンだけとなると、バターもコンフィテュールもない朝ごはんなんて、逆にとても味気ないものになってしまいますよね。したがって、体のラインを気にする若い女性には特に、クロワッサンは避けるべき朝ごはんというわけです。

とはいえ、私も多くのフランス人のようにクロワッサンは大好き。さらにカロリーが上を行く、パン・オ・ショコラになると、フランスのヴィエノワズリーで一番好きなものなのです。だから朝、パン屋さんにパンを買いに行ったファンファンが、前触れもなくクロワッサンやパン・オ・ショコラを買って来てくれると、カロリーが高いだなんて文句をつけるわけがありません。

また、知人宅に泊まった翌朝は、大抵、家主の男性がパン屋さんに行って、焼き立てのバゲットからクロワッサンやパン・オ・ショコラを、たんまりと買って来てくれるのがお決まり。この「男性が」というのがポイントで、我が家もそうですが、朝、パン屋さんにパンを買いに行ってくれるのはフランス人男性が多いのです。だって、知人を家に呼んだ日は夕ごはんの支度で大変なのは女性の方ですから、翌日の朝ごはんくらいは男性に用意して欲しいもの。また、夜遅くまで騒いだ翌朝は、女性にゆっくりと休んでもらうのは、フランス男として当然の心遣いというもの。

さらに、知人を家に招待した翌朝に出すクロワッサンの朝ごはんは、客人に対する極上のもてなしでもあるのです。そんな風にちやほやされて食べる、特別な日の焼き立てクロワッサンは、それはもう格別な美味しさです！

＊**クロワッサン【croissant】** フランスのクロワッサンには、バターを使った「オ・ブール【au beurre】」とマーガリンを使った「オルディネール【ordinaire】」の２種類があります。
＊**ママン【maman】** お母さん。
＊**ヴィエノワズリー【viennoiserie】** 菓子パンのこと。ウィーンからやって来たため、「ウィーン風」の名が。

Deux viennoiseries principales
au petit déjeuner.

朝ごはんの
2大ヴィエノワズリー

日本で言うところの菓子パンである、フランスのヴィエノワズリーは種類も豊富。クロワッサン、パン・オ・ショコラを筆頭に、ブリオッシュ、パン・オー・レザン、ショソン・オー・ポムなど、パン屋さんのショーケースには、こんがりと焼き色がつけられた、つやつやと輝くヴィエノワズリーがずらりと並べられています。こんなにいろんな種類があるのに、朝ごはんに出て来るのは、決まってクロワッサンとパン・オ・ショコラのみ。どうしてなのでしょう?

実はフランス人に人気のあるヴィエノワズリー、堂々の1位がパン・オ・ショコラ。私自身も大好きで、パン屋さんで選ぶヴィエノワズリーといえば、ほとんどがパン・オ・ショコラになってしまいます。発酵させたパン生地にバターを折り込んだ、クロワッサンの生地を使い、棒状のチョコレートを挟み込んで焼き上げたもののこと。

この折り込みパイ生地が軽すぎず、生地の一層一層

（上右）サロン・ド・テで食べる朝ごはんなら、選べるヴィエノワズリーの種類も豊富です。（上左）パン屋さんやお菓子屋さんには、美味しそうなヴィエノワズリーがずらりと並んでいて、どれにしようか迷ってしまう。（下）写真左から2番目のショソン・オー・ポム、３番目のパン・オー・レザンは、どこのパン屋さんにもある定番商品。フランスで人気ヴィエノワズリーの上位にも入っています。

がちゃんと感じられるものが私の好み。その程よい肉厚の層にチョコレートの甘みが噛むごとに混ざり合い、絶妙なハーモニーを奏でてくれます。

実はヴィエノワズリーは、パン屋さんよりもお菓子屋さんの方が美味しい場合が多いのもポイント。クロワッサン同様に、マーガリンではなくバターで丁寧に作られた、脂がにじみ出て来ない歯ごたえのある生地が、何といっても美味しさの秘訣だと私は思うのです。

おやつとして食べるには、いささか物足りないクロワッサンに、みんなが愛するチョコレートをプラスしたことで、まさに大衆の心を鷲掴みにしたとも言える、このパン・オ・ショコラ。我が家のフランス人、ファンファンが日本の旅行中に恋しくなるフランス料理と言えば、このパン・オ・ショコラだとか。そのくらい、フランスの代表的な国民食でもあるのでしょう。

続くフランス人に人気のあるヴィエノワズリーの第2位は、ショソン・オー・ポム、第3位はパン・オー・レザン、そして第4位にようやくクロワッサンが入ってきます。フランスを代表するパンである、クロワッサンながら人気はあまり高くないよう。私が思うに、クロワッサンを嫌いな人はいないだろうけれど、あまりにも無難すぎて、最初に取り上げられるヴィエノワズリーではないのかも。

例えば、パン屋さんでヴィエノワズリーを2個買うとして、最初に大好きなパン・オ・ショコラを選んだとします。さて、もう1個をどうしようかと悩んだところ、「クロワッサンでいいや」と選ばれてしまう感じ。中に何も入っていないため、私たちを惹きつけるための十分な決め手に欠けてしまうのでしょう。でも、「クロワッサンでいいや」といった親近感があります。

カフェの朝ごはんで時々見かけるヴィエノワズリーの3番手はパン・オー・レザンですが、レーズンが嫌いな人もいるでしょうし、好き嫌いが出てきてしまうというもの。したがって、もし朝ごはんの2大ヴィエノワズリーとして、パン・オ・ショコラとパン・オー・レザンが出て来るとすると、稀にでもチョコレートもレーズンも嫌いな人がいたならば、どちらも選びようがないという事態に陥ってしまうのです。

だから、フランスの朝ごはんに出て来るのは、1番人気のパン・オ・ショコラと妥当なクロワッサンの2種類が多いというわけ。チョコレートが嫌いな人でも、「クロワッサンでいいや」と安心して朝ごはんを楽しめることでしょう。そして、クロワッサンは中身が何もない分、カフェオレやショコラ・ショーに浸してフランス流に食べても、まったく支障がないということでも。

たとえ人気ナンバーワンではなくとも、常にスポットライトを浴びた華やかしい舞台に立つパン・オ・ショコラの陰で、地道にフォローをし続けるクロワッサン。そんな懐の深いクロワッサンがあってこそ、やはりフランスの美味しい朝ごはんは成り立つのでしょう。

＊パン・オ・ショコラ【pain au chocolat】クロワッサン生地の中にチョコレートが入ったパン。
＊ブリオッシュ【brioche】卵とバターが入った甘いパン。日本のブリオッシュよりもパサパサした感じ。

〈 Beurre, Confiture, Miel 〉

タルティーヌに何を塗る？

Avec sel, sans sel,
pour une tartine ?

タルティーヌには無塩か有塩か

「バターを塗らないタルティーヌなんて……」と思うほど、私にとって朝のタルティーヌにはバターが不可欠。もちろん、バターは牛のお乳から作ったバターであって、植物性（または動物性）油脂で作ったマーガリンではありません。フランスのバターは乳酸菌を加えて作られる発酵バター。独特のコクと風味を持った発酵バターは、味わい深いパンに塗って食べるだけで、至福のひとときを約束してくれます。

しかし、フランスの食事には毎回パンが供されるとはいえ、昼ごはんや夕ごはんでバターが一緒に出されることは、高級レストラン以外はありません。フランスのパンは何もつけなくとも十分に美味しいし、料理のソースをつけて食べたりもするため、バターは必要ないのです。ただし、料理によっては家庭でもバターを食卓に出すことがあります。

例えば、生牡蠣の合いの手として、パンにバターを塗って食べると、これがいくらでも生牡蠣が食べられてしまう！　フランスで生の牡蠣はレモンやビネガーで食べるのが一般的なため、後味がさっぱりとしすぎるきらいがあるのですが、ここにバターの風味をプラスしてあげると、口の中が見事に中和されるのです。

　私にとってタルティーヌに塗るバターとは、生牡蠣の場合と同じような意味合いを持っています。バターとコンフィチュールを両方つけるのが、私の朝のタルティーヌ。パンにコンフィチュールだけでは甘いだけのぼやっとした味わいになってしまいます。コンフィチュールの甘いフルーツ味に、バターのまろやかなコクが口の中で混ざり合うことで、朝のタルティーヌは素晴らしい味わいへと昇華するというわけ。

　そのタルティーヌを、さらに完璧に仕上げるために必要なのが、塩味。よく塩味は甘みを引き立てるといいますが、それとはちょっと異なり、味を引き締めるとか、味わいのアクセントと言った感じ。照り焼き味や塩キャラメルのように「甘じょっぱい味」が好きな

家庭でバターはバターケースに入れて常備。我が家では蚤の市で見つけたデュラレックス社のガラス製ケースを使用。

のはもちろんですが、元から塩味と甘みが混ぜてあるのではなく、あくまでも口の中で混ざり合うのがポイント。ある時はコンフィテュールの甘みが前面に出てきて、ある時はバターのコクが濃厚に感じられ、その合間を塩味でキリッと引き締める。同じタルティーヌとはいえども、ひと口ごとに異なる味わいの妙が楽しめるということです。そのためには、もちろんタルティーヌに塩を振りかけるわけではなく、塩が入ったバターを使うのです。

フランスのバターは、含まれる塩の割合によって、塩を加えない「ブール・ドゥー」、0.5〜3%未満の塩を加えた「ブール・ドゥミ・セル」、3%以上の塩を加えた「ブール・サレ」に大きく分けられます。粗塩を加え、バターの表面に塩の粒が見えるものもあり、こちらは旨味も感じられる味わい。私はブール・サレでもイケますが、我が家で普段使っているのは塩味がほんのり感じられるブール・ドゥミ・セルです。

（右）シャンブル・ドットなどでは、1人分用の器にバターを入れて出してくれます。この陶器は、昔ながらの木製バター型を模して作られたもの。（左上）バターの上に飾りをつけるスタンプ状になったバター型もあります。（左下）フランスで生牡蠣を食べる時に欠かせないのがバター。ファンファンは、タルティーヌにバターは塗りませんが、生牡蠣となるとここぞとばかりにバターを消費します。

先のように「パンに塗る」というだけでなく、「料理に使う」のがフランスのバター。焼き脂として使うだけでなく、ソースの仕上げに加えたり、デザート用のお菓子作りにも欠かせません。究極のシンプルフレンチとして、ゆでたパスタにバターを絡めるだけ、なんて使い方もできます。したがって、フランスでバターとは、調味料のひとつでもあるというわけ。家庭によっては、無塩と有塩の両方のバターが常に冷蔵庫に入っていて、料理によって使い分けることも多いのです。

パリジェンヌのジャクリーヌは、朝のタルティーヌには「絶対、有塩バターを使わない」と言います。私が「断然、有塩バター派だ」と言うと、想像するだけでさも不味そうに顔をしかめていました。という風に、甘いコンフィテュールに塩味のバターなんてとんでもないという人も、もちろんいます。タルティーヌに塗るのは無塩バターか有塩バターかだけでも、十分に議論ができそう。

さらに、ノルマン女のマルティーヌはカロリーを気にして、マーガリン派、我が家のファンファンはコレステロールを気にして、バターはつけない派など、人によって好みはいろいろ。ま、タルティーヌにバターをつけずとも、何らかの形でバターを摂取しているのがフランス人というもの。朝のタルティーヌくらいはバターなしが、実はちょうどいいのかもしれません。なんて言いつつも、私は他の料理でバターの使用量を減らしたとしても、タルティーヌにバターを塗ることだけは、止められませんけれどね。

---

*ブール・ドゥー【beurre doux】無塩バター。
*ブール・ドゥミ・セル【beurre demi-sel】0.5～3％未満の塩を加えた加塩バター。
*ブール・サレ【beurre salé】3％以上の塩を加えた加塩バター。

"La confiture maison" est de meilleure qualité.

自家製が最高品質の証

フランスでの宿泊施設のひとつにシャンブル・ドットというシステムがあります。英語でいうところのB&B、ベッド&ブレックファーストのことで、個人宅のひと部屋を借りて泊まることができ、翌朝の朝食がついてくるというもの。基本的にホテルよりも安く、何といっても他所のお宅にお邪魔できるとあって、私にとっては魅力的な宿泊方法。フランス各地にあるため、地方ごとに特徴の異なる邸宅やシャトー、農家など、さまざまなスタイルの家に泊まることができ、さらに素敵なインテリアも拝見できるなんて、ワクワクしてしまいます。

このシャンブル・ドットのもうひとつの楽しみが、他でもない朝ごはん。内容は基本的なフランスの朝食メニューと変わりはないのですが、パンの種類がいろいろと取り揃えてあったり、ヨーグルトやフルーツがついてきたり、お宅によっても若干異なります。しかし、シャンブル・ドットの朝ごはんの主役になるとい

（右上）シャンブル・ドットだけでなく、フランスの朝ごはんの華といえば、色とりどりのコンフィテュール。フルーツだけでなく、バニラやシナモンなどのスパイスを加えて作るお宅もあります。（左上）シャンブル・ドットの客室は、オーナー自らがインテリア装飾を手掛けている場合が多く、気軽にフランスのお宅拝見ができるというわけ。（下）フランス語で「マノワール」と呼ばれる、古いお屋敷を改装したシャンブル・ドット。大きな歴史的建造物を保存するのにも、シャンブル・ドットは一役。

えば、何といっても種類豊富なコンフィテュールでしょう。

朝の食卓につくと、家主のマダムがテーブルの上の朝ごはんメニューをざっと紹介してくれます。その食卓の上で一番、煌めいているのは色鮮やかなコンフィテュール。何種類もある場合は、それぞれが何のフルーツで出来ているのか、説明してくれることも。もしくは「食べて当ててみて」とウインクされ、クイズを出されることもあります。そして、最後に付け加えられるのが、「このコンフィテュールは自家製よ」の一言なのです。

この「コンフィテュール・メゾン」と言う時の、マダムたちの誇らしげな顔といったら。まるで自慢の子供でもお披露目するかのような顔つきです。とはいえ、自家製コンフィテュールを作るのは、シャンブル・ドットのマダムたちに限ったことではありません。フランスでは庭に果樹を植える人が多く、庭付きの一軒家に住んでいる人は収穫したフルーツでコンフィテュールを手作りするのが一般的。庭のない人は、実家や知人宅、もしくは別荘で採れたフルーツを使ったり、もちろんマルシェでコンフィテュール用のフルーツを大量に買ってくる人だっています。

だから、自家製コンフィテュールは決して特別なものではないのですが、手間のかかるコンフィテュールを作ってサービスすることは、最高のおもてなしでも

あるのでしょう。そして、泊まったシャンブル・ドットで手作りのコンフィテュールを楽しめるのは、客側としてもうれしいもの。ホテルのどんな豪華な朝ごはんよりも、オーナーマダムが作ったコンフィテュールで家庭的にもてなされるシャンブル・ドットの方が、私は豊かな気分になれるのです。

ノルマンディーの我が家には小規模な果樹園があり、収穫したフルーツを使ってコンフィテュールも作ります。ただし、作るのはファンファンの役目。男性がコンフィテュールを作るのも、フランスでは決して特別なことではありません。パリ郊外に住む4人家族のパパ、シルヴァンもコンフィテュール作りが趣味。でも、シルヴァンの場合は奥さんのシルヴィが、料理が得意ではないという事情もあり、さまざまな料理も彼が拵えていましたけれど。

したがって、シャンブル・ドットのマダムとコンフィテュールの作り方で盛り上がるのはファンファンの方。どこの家でも、その作り手ならではの蘊蓄があるもので、フルーツに対する砂糖の割合とか、保存の方法だとか、どんなフルーツで作るか、さらにはどのフルーツを組み合わせると美味しいかなどなど、コンフィテュール談義は尽きることがありません。そうやって心を込めて作ったコンフィテュールだからこそ、みんな、出来のいい子供を紹介するような、ついつい自慢顔になってしまうのでしょう。

＊シャンブル・ドット【chambre d'hôte】個人宅の1室を借りられ、翌朝の朝食がついてくるのが、ベッド＆ブレックファースト。オーナーによる個性豊かなインテリア装飾が楽しめます。
＊シャトー【château】古城。フランスでは小規模の古城に住んでいる個人もいるため、シャンブル・ドットとしてお城に宿泊することも可能。
＊コンフィテュール【confiture】スーパーなどで売られているコンフィテュールの種類も豊富。フランスのお土産として喜ばれること間違いなし。
＊コンフィテュール・メゾン【confiture maison】自家製ジャム。
＊マルシェ【marché】市場。パリ以外にフランス地方でも見られる青空市場は、生鮮食品はもちろんのこと、その地の特産物の宝庫でも。

ノルマンディー地方にある我が家の果樹園。春にはさまざまな果樹が花を咲かせ、1年で最も華やかになります。

Déguster la différence
entre la confiture et la gelée.

コンフィテュールと
ジュレの違いを楽しむ

今や日本でもジャムを手作りする人が多いことでしょう。私は実家に帰る度に、母の知人が作ったジャムを横取りし、食パンに塗って日本の朝ごはんにいただいています。その時によって種類もさまざまで、夏みかんや紅玉リンゴなど、フランスにはない日本らしいフルーツで作られているのが面白いところ。私と一緒に食べるファンファンも、珍しい日本製ジャムがお気に入りのよう。日本製ジャムを平らげたら、お土産に持って行ったファンファン製コンフィテュールにも手を出すため、日本での私たちのコンフィテュール消費量は、フランスとまったく変わらないのです。

ファンファンが作るコンフィテュールは、フルーツ60％と砂糖40％で作るのが原則。一般的にフルーツと砂糖を同量で作るコンフィテュールよりも、若干フルーツが多いタイプです。ただし、砂糖が多いほど甘みが強くなりますが、より保存がきくという利点もあります。ノルマンディーの我が家で採れるフルーツは、

程よい酸味と濃厚な味わいが魅力のカシスのジュレ。フランスのジャム瓶には、ガラスの蓋がついたものもあります。

（右上）黒い小さな実が房状に連なったカシス。自家製コンフィテュールを作るうえで必要な、フルーツを収穫するのも一苦労です。（右下）３層になったジュレ専用の鍋。１段目に水を、３段目にカシスを入れて熱すると、カシスが蒸されて果汁が２段目に落ち、鍋の外に出て来るという仕組み。（左上）蒸されたカシスはマッシャーでつぶし、余すことなく果汁を抽出します。（左下）出て来た果汁は、酸味の強いもの。大鍋に移して砂糖を加え、さらに煮、必要とあらば寒天粉を加えて、程よいとろみのついたジュレに仕上げるのです。

リンゴ、洋ナシ、サクランボ、プルーン、コワン（マルメロ）、カシス、グロゼイユなど。すべてのフルーツでコンフィテュールは作れるのですが、時には作り方を変えて異なるテクスチャのものに仕立てることもできます。

フランスでコンフィテュールと同じようにフルーツで作るのが、「ジュレ」。単純に訳すると「ゼリー」のことですが、日本でゼリーと言えば、ゼラチンで固めたぷるっとしたお菓子のため、それをフランス語で言うならば「パート・ドゥ・フリュイ」の方が近いイメージになるでしょう。フランス語で「ジュレ」と言えば料理の煮凝りなども指す、日本のゼリーよりも柔らかいタイプのものを意味します。したがって、ここで出て来る「ジュレ」は、コンフィテュールのようにパンに塗れるくらいの、どろっとした柔らかさのもののことなのです。

コンフィテュールはフルーツをそのまま砂糖と一緒に煮て作るため、果肉入り。ジュレはフルーツの果汁に砂糖を加えて煮て作るため、果肉は入っていません。我が家のフルーツで言うと、コワンやカシス、グロゼイユが、ジュレにする代表選手。ジュレ専用の鍋にフルーツを入れて蒸し、抽出した果汁に砂糖を加え、さらに煮て作ります。ただ鍋に放り込んで作ればいい、コンフィテュールよりも手間がかかるというわけ。

しかし、カシスやグロゼイユは小さな果実が柄でつながり、房状になって集まっているため、この果梗と呼ばれる柄をひとつひとつ手で取り除いて、果実だけにするのは大変な作業。したがって、果汁だけを抽出してジュレにした方が手っ取り早い方法でもあります。しかしながら、果汁だけで作るジュレは、ゼリー状にうまく仕上がらないことも。そこでファンファンはとろみをつけるために、なんと日本の寒天粉を使います。フランス語で「アガール・アガール」と呼ばれ、健康志向の人が増えたフランスでも、天然素材で作られる寒天は、何気に知られた食材なのです。

他にジュレにするフルーツとしては、「コワンはジュレの方が美味しい」といった、フルーツに対するフランス的なイメージによるものもあります。もちろん、サクランボはコンフィテュールで果肉を味わったり、ジュレで滑らかな喉越しを楽しんだり、という使い分けもできます。結局のところ、果肉味の生きるコンフィテュールにするか、口どけのいいジュレにするかは、好みの問題ということ。

私自身は正直言って、ジュレは好みではありません。果肉を取り除かれ、果汁だけで作られるジュレは、タルティーヌに塗るには物足りないような、何だか損した気分になってしまうからです。そして、たまに日本で言うところのゼリーのように固まった、ジュレに出会ってしまうと、心底がっかりしてしまいます。

それでもカシスのジュレだけは別格。その凝縮した味わいと、果汁だけとは思えない濃厚な舌触りは病みつきになる美味しさです。ま、コンフィテュールとジュレのいいとこ取りを楽しむのが、一番ということなのでしょう。フルーツの豊富な種類や組み合わせだけでなく、コンフィテュールにするか、ジュレにするかで、その味わいは無限大に広がるのです！

*コワン【coing】マルメロ。カリンに似た果実で硬いため、生食はできません。

*カシス【cassis】クロスグリ。強い酸味が特徴の黒い小さな実。

*グロゼイユ【groseille】フサスグリ。赤い実でこちらも酸味が強い。

*ジュレ【gelée】果汁で作るジャム。料理では「煮凝り」を指すことも。

*パート・ドゥ・フリュイ【pâte de fruits】果汁をゼリー状に固めた砂糖菓子。

*アガール・アガール【agar-agar】日本ではお馴染みの寒天。

（上）ケーキなどのデコレーションに使われることも多いグロゼイユは、透き通った美しい赤色です。（下）大鍋にフルーツをそのまま入れて砂糖を加え、煮て作るだけのコンフィテュールはジュレよりも簡単かと思いきや、フルーツによっては種を取ったり、へたを取ったりしなくてはいけないため、実は下ごしらえに手間がかかります。

Conserver bien
une bonne confiture.

コンフィテュールを美味しく保存

旬のフルーツを収穫した際に美味しく保存する方法でもあるコンフィテュール。砂糖を加えて煮ることで、フルーツの味わいをぎゅっと閉じ込め、保存をよくするわけですが、このままでは不完全というもの。保存瓶に入れて密閉しなければ、せっかく作ったコンフィテュールも長期保存はできません。この保存方法も、作り手によってさまざまなのがコンフィテュールの国、フランスなのです。

もっとも手っ取り早い保存瓶の密閉方法は、コンフィテュールを熱いままで瓶の中に入れ、すぐに蓋を閉め、逆さにして置くというもの。こうすると、コンフィテュールの熱で蓋の殺菌ができ、冷えるとともに瓶の内部の気圧が下がって、密閉状態になるというわけです。しかし、時には瓶の蓋を開けてみるとコンフィテュールの表面にカビが生えていることもあり、うまく行かない場合があるのが難しいところ。

確実で簡単な保存方法をお探しならば、パラフィン

保存瓶に熱いコンフィテュールを入れたら冷まし、パラフィンをかけて膜を張ります。これで保存はバッチリ！

でコンフィテュールを密閉するのがおすすめです。フランスでは一般的な方法で、保存瓶の中にコンフィテュールを入れて冷まし、熱して溶かしたパラフィンを上にかけるというもの。パラフィンが冷めると固まって、コンフィテュールの表面に膜を張ってくれます。ファンファンは、コンフィテュールにパラフィンの膜を張り、さらに瓶の蓋を閉めて保存するのが、一番確実だと言います。

そういえば、フランスの昔ながらのジャム瓶は、開口部が広がった蓋のないものが多いのですが、その昔はコンフィテュールの上にパラフィンで膜をした上に、パラフィン加工した紙またはアルコールに浸した紙で覆って紐で留めた、紙蓋を施すスタイルだったようです。ジャム瓶の開口部に溝のあるものが、その紐を掛ける部分だったとか。今でもパラフィンをコンフィテュールの保存に使うのは、金属製の蓋がなかった時代からのやり方なのですね。

ちなみにパラフィンの膜は、ジャム瓶を開けると同時にお役目御免になりますが、洗っておけば次のコンフィテュール作りの際に再度加熱して、再び使うことができるスグレモノ。一度使ったからと言って捨てずに、しっかり再利用してくださいね。

作ったコンフィテュールを瓶に詰めてしっかり密閉したら、すべての瓶を保管場所の暗室に片づけて、ようやくコンフィテュール作りは終わりです。田舎の家などは、地下などにワインなども保管するカーヴがあるもので、コンフィテュールの瓶やその他の保存食がずらりと並んでいます。並べ方にもその作り手の性格が出るもので、ひとつひとつの瓶にシールを貼って、フルーツの名前を書き記し、その種類ごとに整然と分類してある、几帳面なお宅もあります。

そんな保存食の宝庫といったカーヴを覗かせてもらうと、訪問客の私までもその家の豊かな食卓が手に取るように見えて、心が躍ってしまいます。こうしてカーヴに収められた手作りのコンフィテュールは、翌年のフルーツの収穫期まで毎日、私たちの朝ごはんで存分に活躍してくれるというわけです。

＊パラフィン【paraffine】常温では固形で、熱することにより液体になるパラフィンワックス。食品保存のための紙などにも使用されています。
＊カーヴ【cave】地下倉庫。

（上）フランスの昔ながらの蓋のないジャム瓶。口の部分に溝があって、紙蓋に紐がかけられるようになっています。ぽってりと厚みがあり、気泡が残ったガラスも愛らしい。（右下）保存食の保管場所は地下とは限らず、家によってはガレージの奥などを利用している場合も。（左中）家庭の手作りコンフィテュールでも、布の切れ端を蓋の上にかぶせれば、お洒落に変身。（左下）スーパーよりも値段は高いのですが、お菓子屋さんでも手作りのコンフィテュールを販売しているところがあります。パッケージに凝っているお店も。

自家製はちみつへの道のり

私がフランスに来てから驚いたもののひとつに「はちみつ」があります。もちろん、日本にもはちみつはありますが、一般的に売られているはちみつといえば、とろ〜りと流れる黄金色の液体が、そのイメージですよね。フランスのはちみつというと、時にはスプーンですくうのも困難なほど、がっちりと結晶化した個体状のものが多いのです。さらにその種類の豊富さには目を見張るばかり！

はちみつの中でもアカシアなどの果糖が多く含まれるものは、結晶化しにくい性質があるのですが、多くのはちみつはブドウ糖を多く含むため、結晶化するのが一般的。したがって、未加工の純粋はちみつなら、採った時は液体でも時間が経つにつれて固まってくるのが普通です。もちろん、結晶化したはちみつは加熱すれば、液体に戻すこともできます。

したがって、フランスで売られている多くのはちみつは、不透明でどろりとクリーム状になった濃厚なも

109 Miel

液体のはちみつが結晶化してクリーム状になったもの。ただし、フランス人の中にも液体状のはちみつを好む人もいます。

の。その味はそのまま舐めると、脳天に一撃を与えられたような、強い甘みがあります。味わいは種類によって異なりますが、私が一番好きなのはラベンダーの「ラヴァンド」はちみつ。ラベンダーの香りを彷彿させる、清涼感のある味わいが魅力。また、栗の木の「シャテニエ」はちみつも独特の風味があって美味しいものです。強い風味が苦手ならば、いろんな花の蜜で作られた「トゥート・フルール」のはちみつが、フランスでも一般的に好まれている、万人向きの味です。

フランスではちみつは、お菓子や料理などにも使われますが、やはりタルティーヌに塗ることが多いでしょう。コンフィテュールの種類の充実さは言わずもがなですが、はちみつの種類の多さも、フランスのパン文化を象徴するというもの。私にとってもはちみつは、朝のタルティーヌにぜひ加えたいお供。コンフィテュールだけをいくら種類を変えてローテーションしたところで、年がら年中食べていれば、やはりひと味

溝がついているハニーディッパーは、くるりと回せば、液体のはちみつを垂らさずにすくうことができる便利モノ。

異なるものが欲しくなるわけです。

フルーツを使ったコンフィテュール以外に、パンに塗るペーストだってフランスにはちゃんとあります。「パータ・タルティネ」と呼ばれ、子供に大人気のヌテラに似た、ヘーゼルナッツベースのペーストから、チョコレートペースト、スペキュロスペースト、キャラメルペースト、マロンペーストなど、味わいはさまざまです。

これらのペーストはスーパーで手軽に買えるものから、ショコラティエやパティシエなどが手作りして、各店舗で販売する大人向けの高級ペーストだってあります。したがって単なる子供向けのスプレッドとは馬鹿にできないのですが、私にとってはどうにも、これらのペーストは甘すぎるのです。たまに、知人宅やシャンブル・ドットの朝ごはんとして食べる分には、気分転換になっていいのかもしれませんが、自宅で毎日食べる気には到底なりません。

何といっても、これらのペーストをタルティーヌに塗るならば、私の不可欠とするバターを塗ることができないのが、最大の原因なのかもしれません。ただでさえ、甘みの強いペーストにバターのコクをプラスしたところで、くどいだけになってしまうことでしょう。

ただし、いくら甘みが強くとも、はちみつとは抜群に相性がいいのがバター。コンフィテュールとは異なる、もしくはそれ以上の、舌の上で混ざり合う甘みとコクのハーモニーは、恍惚としてしまうほどの美味しさです！　この黄金のコンビはコンフィテュールの合間に、どうしても食べたくなる、我が家の朝ごはん必須アイテムのひとつというわけ。

しかしながら、近年は世界的にミツバチの減少が問題になっています。フランスでも農薬が原因なのではと言われていますが、はちみつの生産量は減るばかり。実は、何でも手を出さずにはいられないうちのフランス人、ファンファンも趣味で養蜂を行っていた人。数年前にミツバチはすっかり姿を消してしまいましたが、我が家の敷地には家主のいない養蜂箱がいくつか残ったままの状態だったのです。

それが去年の6月、我が家のリンゴの木の枝に大量のミツバチが球状に集まった分蜂を見つけたから、さあ大変！　女王蜂を中心にものすごい数の雄蜂が群がったもので、ミツバチたちが新しい巣を探す時に作るのだとか。その分蜂を養蜂箱の中に入れれば、中でミツバチが自然と巣を作り、我が家に美味しいはちみつをもたらしてくれるはずです！

が、現実はそうはうまく行かず。実は数年来、放置されたままの古い養蜂箱は、すでに朽ちて壊れかけていました。まずは養蜂箱を作ることから始めなくてはいけません。私も手伝って、木枠に蜜蠟のシートを張って、木箱の中に入れて、なんて養蜂箱を作ること1〜2時間。その間に、なんと分蜂はきれいさっぱり消滅してしまったのです。あれほどいたミツバチたちは、一体どこへ行ったものやら。

こうして、束の間の「自家製はちみつ」の夢はあっけなく消え去ったのでした。でも、養蜂箱は出来上がったのだから、後は再びミツバチの分蜂が我が家に現れてくれるのを待つばかり。ただし、作った養蜂箱がダメになる前に、ミツバチさん、どうかお早めにお願いしますよ！

*ラヴァンド【lavande】ラベンダー。南仏ではラベンダーの広大な畑が見られます。

*シャテニエ【châtaignier】栗の木。茶色がかった色をしたはちみつができます。

*トゥート・フルール【toutes fleurs】いろんな花の蜜が混ざって作られるはちみつ。

*パータ・タルティネ【pâte à tartiner】パンに塗る用のペースト。

*ヌテラ【Nuttela】イタリア生まれのヘーゼルナッツをベースにしたチョコレートペーストは、子供たちに大人気。

*スペキュロス【spéculoos】ブラウンシュガーやスパイスを使った、独特の風味があるビスケット。ベルギーやオランダが本場ながら、フランスでも人気の味。その味わいをペーストにしてしまったものも市販されています。

（上）養蜂箱作りは、専用の木枠に針金を通して釘で留めることから始まります。（右中）木枠は古い物を使うのがポイント。すでに蜜の香りがついているため、ミツバチたちをおびき寄せやすいとか。（右下）針金を通した木枠に蜜蠟のシートを張ります。針金の両端をつまみ、電流を流して熱すると、蜜蠟が溶けて針金に装着されるというわけ。（左中）シートを張った木枠を、養蜂箱に戻せば準備完了です。（左下）我が家の敷地の端に長い間、置きっぱなしの養蜂箱。果樹園にとってもミツバチたちは欠かせない存在です。さて、ミツバチたちが戻って来るのは、いつのことになるのでしょう？

〈 Boisson chaude au choix 〉

お好みの温かい飲み物

Une boisson chaude à choisir.

自分好みで選べる飲み物

フランスの基本的な朝ごはんは「カフェオレとタルティーヌ」とは言え、個人主義のプティ・デジュネですから、飲み物の選択は人それぞれで異なります。カフェの朝ごはんでも見られる代表的な選択肢と言えば、コーヒー、紅茶、ショコラ・ショーの3種類。フランスの家庭での朝ごはんでも、多くの人がこの3つの中から選んでいることでしょう。

朝ごはんが楽しみなシャンブル・ドットでも、チェックインの際や就寝前に聞かれることと言えば、この翌朝の飲み物。朝、食卓につくと同時に出せるように、前もって聞かれるのです。バゲットやクロワッサンなどのパンの好みは聞かれなくとも、好き勝手に選べるのが飲み物だということ。ま、パンが食べられない人はいなくとも、コーヒーが飲めない人はいるでしょうから、飲み物だけは選ばせてもらわないと困ります。

私はコーヒーも紅茶もショコラもすべて飲むことができますが、朝はミルク入りのコーヒー、カフェオ

（上）店によって味が異なるショコラ・ショー。カフェでは出来合いのココアが出て来ることが多いのですが、サロン・ド・テでは、液体のチョコレートに温かいミルクがついて来る、本物のショコラ・ショーが楽しめる店も。（下）シャンプル・ドットの豪勢な朝ごはんでは、カフェオレを頼むとコーヒーとミルクが別々に出てきて、至れり尽くせりです。

レが一番だと思っています。程よい酸味と苦みのあるコーヒーは、目覚めの一杯として最適なもの。紅茶ではさっぱりしすぎて目覚めるためのインパクトに欠け、ショコラでは甘すぎて、バターとコンフィテュールを塗ったタルティーヌに合わないと思うからです。

でも、朝ごはんでなければカフェオレを飲むことはほとんどありません。フランスでは、カフェでちょっと一服といった時や、食後に飲むのは小さなエスプレッソ。カフェで単に「アン・カフェ」と頼めばエスプレッソ1杯のことで、フランス人にとってコーヒーと言えば、エスプレッソのことを指すのです。

したがって、コーヒー（エスプレッソ）が苦手ではないけれど、朝は量をたくさん飲みたいから紅茶にするという人もいます。パリジェンヌのサンドリーヌ、ノルマン男のクリスチャンはこの手の朝は紅茶派。紅茶にはミルクと砂糖を入れるのが、みんなの同意見です。若いノルマン女のマリー・オードは、時間のない平日の朝ごはんには、流し込むのに最適な紅茶で、週末の朝ごはんにはショコラを飲むとのこと。「ショコラはカロリーも気になるから、週末だけのご褒美なの」だとか。毎日カフェオレ一辺倒の私は、目からウロコの発言。そうよね、朝ごはんの飲み物だって気分で変えてもいいわけよね。

まだコーヒーが飲めない子供たちはやっぱりショコラ派です。ショコラとさらに甘いヌテラを塗ったタルティーヌともなると、私には想像するだけで顔をしかめたくなる甘々コンビ。しかし、こうやって老若男女を問わず、フランス人の甘いもの好きは形成されていくのだと、甚だ納得できる子供たちの朝食でも。とにもかくにも、飲み物にもこだわるのが、フランス的朝ごはんでもあるのです。

＊ショコラ・ショー【chocolat chaud】家庭では粉末ココアを使うのが一般的。「ショコラ」と略すことも。
＊アン・カフェ【un café】カフェでエスプレッソ１杯を頼む時の決まり文句。

フランスの子供の中には、３食ヌテラでいいと言うヌテラ狂もいます。若い女性となってもヌテラ好きが変わらない人も。

Changer d'air avec un café.

エスプレッソは気分転換

以前から、フランスで気になっていたものがカフェの立ち飲み。ギャルソンとおしゃべりしながら、立ったままでエスプレッソやグラスワインを飲んでいるフランス人は、まだ分かります。フランス人とは本当におしゃべりな人種で、カフェに限らず、道端でも長時間立ち話をすることは、まったく苦にならないよう。「よくまあ、立ったままで疲れないものだ」とあきれつつ眺めているのですが、話し出すと止まらないのがフランス人。それよりもカフェのカウンターでエスプレッソ1杯を立ったまま飲んで、そのまま出て行くムッシューのことが気になるのです。

私にとってカフェとは、パリで朝ごはんを食べる場でもあるのですが、多くが休憩の場。例えば、「次の予定まで時間があるからちょっと一息」のために、気軽に入れるのがカフェなのです。また、待ち合わせの場所としても重宝で、約束時間に遅れがちなフランス人を、メトロの出口で立ってイライラと待っているよ

121 Boisson chaude

食後にエスプレッソを飲む人が多いフランス。レストランだけでなく、知人宅での夕食後にも飲むかどうかを聞かれます。

りは、カフェで座ってのんびりと待っていた方が精神的にもいいというもの。したがって、カフェに入ったならば、必ず座ることを目的としています。

だから、二口や三口で終わってしまう小さなエスプレッソ1杯を飲むだけのために、カフェに入るということが、いまいち理解ができません。いや、エスプレッソ1杯だけだったとしても、どうせカフェに入ったのだから、ちょっと座ってゆっくりして行けばいいのに、と思ってしまうのは私だけではないでしょう。

パリジェンヌのサンドリーヌが、朝は量を飲みたいから紅茶を飲むと話していた時に、このエスプレッソの立ち飲みの謎が、ようやく解けたのです。でも、とサンドリーヌは続けて「朝ごはんに紅茶を飲むけれど、仕事に行く前には絶対エスプレッソを飲むわ」と言っていました。

「家で飲む時もあるし、カフェで飲む時もあるけれど、家庭と仕事への切り替えにエスプレッソが必要なの」とも。フランス人にとって、エスプレッソとは気分転換のひとつというわけです。このタイプのフランス人は多く、パリジェンヌのギヨンヌやノルマン男のクリスチャンのように朝ごはんに紅茶を飲む人々は、朝食後もしくは仕事の前にエスプレッソを飲むと言います。

食事の後にエスプレッソを飲むのはフランスでは一般的で、私もレストランでこってりとしたソースや脂っこい料理、甘いデザートなどを食べた後に、苦いエスプレッソで口の中をさっぱりさせたくなることもしばしば。したがって、食後の消化を促すと言った本来の意味合いもありながら、たぶん食事が終わったことへの終止符でも使われているのが、食後のエスプレッソなのでしょう。食事中に終わらなかったおしゃべりを、終わらせるためにも必要なのがエスプレッソ時間というもの。

エスプレッソ1杯の大きさも、そんな気分を変えるためにちょうどいいサイズ。多くのフランス人はその苦くて濃いエスプレッソに砂糖を加えて飲んでいます。フランスの一般的なカフェには、いわゆるアメリカンコーヒーというものはなく、あるとすればエスプレッソを水で薄めた「カフェ・アロンジェ」。エスプレッソ好きでないと、フランスのコーヒーはあまり美味しいとは思えないかもしれませんね。

3児のママンでもあるサンドリーヌは、一番下の子供を学校まで送り迎えしています。「朝、子供を学校に連れて行ったら、そこで出会ったママン友たちとそのままカフェへ直行するのも習慣なの。まるで民族大移動のように、学校前からカフェへ移動するママンたちの姿が見られ、面白いわよ」だとか。パリジェンヌたちを、ママン時間から仕事や自分の時間へと解放してくれるエスプレッソ。カフェの小さなエスプレッソ1杯にはそんな魔法もあるのです。

＊カフェ・アロンジェ【café allongé】エスプレッソを水で薄めたもの。

コーヒーは何式で淹れる？

フランス人にとってコーヒーとはエスプレッソながら、多くの家庭にあるのは日本でもお馴染みのペーパードリップ式コーヒーメーカーです。近年では、カプセルを装着するネスプレッソ専用のマシンも普及し、ネスプレッソでもてなしてくれる家も多くなりました。それでも、コーヒーメーカーがまだまだ主流ながら、やはり家庭でもアメリカンコーヒーは淹れません。コーヒーメーカーだからエスプレッソは作れませんが、それでも量は少なく濃いめのコーヒーを淹れるのです。朝ごはんに淹れる他に、日中、家に人が来たときに出したり、食後に飲んだりするのが、家庭でのコーヒーの飲み方。

最近、豆を挽くミル付きのエスプレッソマシンを手に入れた、ノルマン男のジョルジュは「コーヒーメーカーで淹れたコーヒーなんて、もう飲めない」とまで言い張ります。それ以降、ジョルジュの家に遊びに行った時は、食後や朝ごはんにこだわりのエスプレッソマ

（右上）ケメックス専用のペーパーフィルターがありますが、スーパーで買えるものでも十分。（右中）南部鉄瓶で沸かしたお湯をぐるりと挽いたコーヒー豆に回しかけます。（左上）後はケメックスが美味しいコーヒーに仕立ててくれるのを待つばかり。（下）現在使っているケメックスは、実は2代目。再度探した時はやはりパリでは見つからず、結局日本で買ってフランスに持ち帰る羽目になりました。東京でも8カップ用は見つからず、サイズは12カップ用です。若干、下のフラスコが上よりも大きいのが残念なところ。ティーポットとしても使っています。

シンを使って、さも誇らしげに自らエスプレッソを淹れてくれます。でも、ここまで家で淹れるコーヒーにこだわるフランス人は、あまり多くなさそう。

何がきっかけだったかは忘れてしまいましたが、私のパリ留学時代はイタリアの直火式エスプレッソメーカーを使っていました。たぶん、8カップ用くらいの大きいサイズで、毎朝、通常のエスプレッソより薄く、アメリカンよりも濃いコーヒーを、1人で飲むのにエスプレッソ2杯分くらいの分量で淹れていました。フランスのスーパーにはさまざまなコーヒー豆が売られているのですが、どこで聞き込んできたか、いつも買うのはアラビカ種100%のもの。そのエスプレッソメーカーは、日本帰国とともに持ち帰り、東京での一人暮らしでも使っていました。しかし、その後の行方はまったく記憶になく。再度渡仏する際に、誰かにあげてしまったのかもしれません。

再びフランスに来た時に、前のフランス人の彼の両親が引っ越し祝いでくれたのが、コーヒーメーカーでした。長年それを使っていたのですが、壊れるとともに、さて、次のコーヒーメーカーをどうしようかと。置き場所を取るし、プラスチック製で見た目もイマイチのコーヒーメーカーは、正直言って私の好みではなく、できれば他のものがいいと思っていました。

そこで、ふと思い出したのが、アメリカで1941年に誕生したケメックスのコーヒーメーカー。3角形のフラスコを、上下を逆にして重ねたような形のガラス製に、木製の持ち手がついたシンプルなもの。東京暮らしの時期に、知人宅でケメックスにフレッシュなミントの葉を入れて、ミントティーを作ってくれたのを見て、何て美しい形だろうと惚れたのです。その後、すっかり忘れていましたが、素敵なコーヒーメーカーが欲しいと探しているうちに、思いついたというわけ。

しかし、ここはおフランス。日本でならアメリカものは手に入りやすいのですが、その当時はケメックスのコーヒーメーカーを扱っている店が、パリでは見つからず。インターネット上でも探したのですが、サイズが小さなものしかない。私が一番美しいと思うケメックスのサイズは、8カップ用。上と下の3角形のフラスコの大きさが同じくらいが理想形。と、あきらめかけていた頃、パリ6区にあるブティック、ギャルリー・サロンで偶然にケメックスのコーヒーメーカーを見つけたのです。もちろん大きさは8カップ用で、しかもハンドブロウのもの！　それからは、毎朝、ケメックスを使ってコーヒーを淹れるのが楽しくてたまりません。

私自身はそんなにもコーヒーの味にこだわっているわけではありませんが、やはりキッチンに置いてあるケメックスの姿が美しいのがうれしい。私は日本の南部鉄瓶でお湯を沸かしていますが、フィルターの中の挽いたコーヒー豆にお湯をぐるりと注ぎ、ゆっくりとコーヒーが落ちる様子もレトロで素敵。そして淹れるコーヒーは、エスプレッソよりは薄く、アメリカンよりは濃くが、やはりモットー。とは言っても、慌ただしい朝にのんびりとコーヒーができるのを眺めているわけにはいかず。ケメックスがぽたりぽたりとしずくを落とし、美味しいコーヒーに仕上げてくれる間に、朝ごはんの用意をするのが毎朝の習慣です。

その後、パリのカフェでもコーヒーにこだわったお店ができ、ケメックスのコーヒーメーカーでコーヒーを淹れてくれるところもチラホラ現れてきました。そんなカフェではケメックスのコーヒーメーカーを販売してくれるところも。何だかようやく、パリのコーヒー事情が私好みに追いついてきた、なんて思う今日この頃なのです。

＊ギャルリー・サロン【Galerie Salon】アスティエ・ド・ヴィラットの食器とともに、アンティーク雑貨を扱う小さな店。初代ケメックスが割れて、再度探しに行った時はもう、ケメックスのコーヒーメーカーを扱ってはいませんでした。

Si on chauffe de l'eau dure
dans un tetsubin ?

硬水を南部鉄瓶で沸かしたら

フランスの水道水やミネラルウォーターが、カルシウムやマグネシウムを多く含む硬水なのは、ご存知の方も多いでしょう。硬水のメリット、デメリットはいろいろありますが、一般的に言われているのが、硬水と軟水で淹れる紅茶の味が異なるというもの。紅茶の国であるお隣のイギリスは、茶葉の栽培国であるインドが自国の植民地だったのはもちろんのこと、硬水に合う独自の茶葉を使い、砂糖やミルクを入れて楽しんだため、紅茶文化が発達したとも言われています。

フランスではマリアージュ・フレールやダマン・フレールなどの老舗紅茶専門店もありますが、圧倒的にコーヒーを飲む方が一般的です。その昔、貴族たちに嗜まれた紅茶は、いまだにおハイソなイメージもあるよう。巷のカフェで紅茶を頼んだならば、安価なティーバッグで出て来るくらい、無関心なのが悲しいところ。美味しい紅茶を飲もうと思ったら、シックなサロン・ド・テでそれなりのお金を出さなくてはいけないのも、

鉄瓶の使用後は中にお湯を残しておかず、蓋を開けて水分を蒸発させます。内部は石灰の層で覆われ、錆びる心配もなし。

大衆的ではなく、上流階級のイメージの名残りなのでしょう。

とはいえ、紅茶とは別に、さまざまな種類のハーブティーがティーバッグでも売られているフランス。薬用効果のあるハーブティーの方が、一般的に家庭で親しまれてきた証拠なのかもしれません。食後にはハーブティーという人も多く、種類豊富にハーブティーが揃っていて、好みのものを選ばせてもらえるお宅もあるくらい。

我が家でも紅茶を飲むのは、知人が来た際に紅茶がいいとリクエストされたり、食後にコーヒーとは気分を変えて紅茶が飲みたくなったりした場合のみ。したがって、あまり紅茶にこだわりはないのですが、それでもティーバッグは使わずに茶葉から淹れます。

「ティーバッグで淹れると、紅茶に変な膜が張る」と、

パリジャンのジャン・クロードが言い張っているのを聞いたことがありますが、これは硬水が原因のよう。そう、フランスの水道水で淹れる紅茶の表面には、うっすらと光沢のある膜が出来るのです。さらに、飲み進むにつれてカップには茶渋の線が幾重にもくっきりつくことも。日本の軟水で淹れる澄んだ紅茶とは異なり、色も濁ったようなどす黒い色になります。という風に、日本で淹れる紅茶とは、同じ茶葉でも異なる味わいに仕上がるというわけ。

そして、多くのフランス人が紅茶に砂糖をたくさん入れるのも、やはり硬水で淹れるためでしょう。そんなに入れると、紅茶の味を楽しむというよりも、砂糖の味だけになってしまうのではないかと思うくらい。

コーヒーにも砂糖をたっぷり加える人が多いのですが、苦くて濃いエスプレッソには、さすがに砂糖を入れないと飲めない場合もあるので、そちらは納得というものです。

さらに、私たち日本人にとって残念なのは、やはり硬水で淹れる日本茶は美味しくないということ。甘みのあるやわらかい味わいにはならず、どこか物足りない、奥深さに欠ける味わいのお茶に仕上がってしまうのです。とはいえ、我が家で日本茶を淹れるのは、紅茶よりもさらに稀。フランス人のパートナーと暮らす私にとって、日常食はフランス家庭料理のため、どうも日本茶を飲みたいという気が起こらないのです。

したがって、数年前に私が日本で南部鉄瓶を買ったのは、美味しい日本茶を飲みたいからというわけではなく、ただ単に鉄瓶の美しさに魅せられていたため。ずいぶん前から欲しいと思っていたのですが、重量のある鉄瓶をフランスに持って帰ろうという気には、なかなかならず。ちょうど荷物持ちのファンファンがいたため、南部鉄瓶は日本を飛び立ち、めでたくノルマンディーの我が家に運び込まれたというわけです。

せっかく南部鉄瓶を手に入れたのだから、もちろん日本茶を淹れてみたいと思うのが日本人の心。硬水でも鉄瓶で沸かすと、やはり味わいがまろやかにやさしくなり、美味しい緑茶が出来上がるではないですか！　早速、日本直送の自慢の緑茶を周りのフランス人にもてなすと、みなさんずいぶん浮かない顔。ノルマン女のヨーなんて「ゲロの味がする」だなんて！

何人かのノルマン男たちには、食後に勧めると「日本茶だけは勘弁して」と泣きつかれる始末。パリならば、日本食人気で日本茶も好きという人も多いのですが、保守的なノルマンディーの田舎では新しい異国の味わいは、なかなか受け入れてもらえないようです。幸運にもファンファンだけは、「飲み慣れれば美味しい」と言ってくれるのが、せめてもの救い。

さらに、南部鉄瓶で沸かした硬水で紅茶も淹れてみたのですが、日本茶とは逆にコクや甘みがなくなり、渋みが強いものになってしまいました。でも、驚くことに色は濃い目ながら透き通り、茶渋はまったく出ません。「さすが、鉄瓶!」という感じですが、淹れた紅茶の味わいは私好みではないかも。

フランスのサロン・ド・テを初めに紅茶専門店では、だいぶ前から日本の鉄瓶をモデルにしたカラフルなティーポットが大人気。素材は鋳物ながら内部にホーロー加工がされているため、お湯を沸かす鉄瓶のようには味に影響があるわけではなく、日本的なデザインが好まれているようです。

というわけで、我が家の南部鉄瓶は、日本茶にも紅茶にも使用されず、毎朝、コーヒーを淹れるのに愛用されることになったのです。肝心なるコーヒーの味わいはというと、鉄瓶を使って淹れたものの方が、苦みが強くなりました。その味わいはまさにエスプレッソ寄りの味わいで、私としては大満足。さらに、和の美といった鉄瓶の佇まいに、見る度に、ほくそ笑まずにはいられません。

南部鉄瓶とケメックスのコーヒーメーカーに、カフェオレボウル。それぞれの出身国はバラバラながらも、我が家の朝ごはんに欠かせない、最強トリオとなったのです。

---

*マリアージュ・フレール【Mariage Frères】フランスを代表する紅茶専門店。パリの美しい店舗には、紅茶の博物館も併設。

*ダマン・フレール【Dammann Frères】フランス国王、ルイ14世に紅茶の独占販売を許可されたことにその起源が遡る、老舗の紅茶専門店。

*サロン・ド・テ【salon de thé】紅茶とケーキが楽しめる喫茶店。お菓子屋さんが飲食スペースを併設している場合もあります。

（上）パリの老舗サロン・ド・テのひとつ、「カレット」。16区のトロカデロ広場と4区のヴォージュ広場に店舗があり、豊富な種類のケーキとともに優雅にティータイムが過ごせます。（下右・下左）日本でも名高い「ラデュレ」は、パリを代表するお菓子屋さん。パリに数店舗あるうち、サロン・ド・テを併設しているところは、美しい装飾が施された店内も見ごたえがあります。カフェとは異なる上品な雰囲気が楽しめるのもサロン・ド・テならでは。

L'important,
c'est la dose de café et de lait.

コーヒーとミルクの割合にこだわる

日本でも一般的に使われている「カフェオレ」の言葉は、元はフランス語の「カフェ・オ・レ」という、ミルク入りコーヒーのこと。単純にカフェオレと言っても、ここは個人主義なフランスですから、そのコーヒーとミルクの組み合わせ方からして、まさに人それぞれ、好みがあります。

フランスでコーヒーと言えば、エスプレッソのことでした。したがって、カフェでカフェオレを頼むと、エスプレッソにミルクを加えて出て来るのが一般的。カフェによっては、大きめのカップに1杯分の量のエスプレッソが入れられ、ミルクポットに入った温かいミルクが添えられていることも。これは、「コーヒーとミルクの割合をお好みでどうぞ」という温かな心遣いですね。でも、そんな良心的なカフェは稀で、大抵はエスプレッソとミルクの量が半分半分が定番です。

私が毎朝飲んでいるカフェオレも、コーヒーとミルクを同量にするのが基本。コーヒーはケメックスのコーヒーメーカーで淹れた、濃い目のもの。私が淹れたこのコーヒーを一緒に飲むのが、私のパートナーであるファンファンながら、実はコーヒーがあまり好きではない彼。したがって、彼のカフェオレはコーヒーが2に対してミルクが8という割合なのです。私にしてみれば、コーヒー風味のミルクなんてとんでもないのですが、ファンファンにしてみれば「色がつけばいい」のだそう。

ノルマン男のパトリックは、コーヒーに対してミルクは倍量でないとダメだと言います。実家が酪農を営んでいたノルマン女のオディーユが言うには、その昔田舎では、なんと生卵を加えた栄養たっぷりのカフェオレを飲んでいたとか！　という具合に、「カフェオレ」という同じ名で呼んだとしても、その味は調合する人によってどこまでも異なるようです。

家庭ならば、もちろんファンファン好みであるコーヒー風味のミルクを作るのはお手の物ですが、問題は

コーヒーの味もしっかり楽しみたい私は、コーヒーとミルクを同量ずつで混ぜ合わせたカフェオレを作ります。

外で朝ごはんを食べる時。カフェで頼むとなるといささか厄介な事態が生じます。「コーヒーはなるべく少なめに、ミルクをたっぷり入れたカフェオレ」と注文しても、イメージ通りのカフェオレが出て来たことは皆無。多くの場合は、「コーヒーとミルクが同量の普通のカフェオレ」が平然と出てきます。

それならばと、ファンファンも注文の仕方を変えてみることに。「温かいミルクをカップ1杯に、エスプレッソを少々加えて」と頼むと、「ミルクがない」という返事が返って来ることも。メニューにカフェオレがあるのに、ミルクがないってどういうこと？

実はカフェのカフェオレは、メニュー上には「カフェ・クレム」と書かれていることが多いのです。「カフェ・クレム」とは、その名の通り、クリーム入りのカフェのこと。稀ながら日本でもお馴染みのコーヒーフレッシュが添えられて出て来る場合もあるし、イタリアのカプチーノのように泡立てられたミルクが上に

(右) カップにエスプレッソだけが入り、ミルクは別添えになって出て来る、良心的な「カフェ・クレム」。(左) イタリアのカプチーノに似た、泡立てたミルクがエスプレッソの上にのせられた「カフェ・クレム」が、パリのカフェの一般的なカフェオレです。コーヒーフレッシュが添えられて出て来るのは、パリのカフェでは見たことがありませんが、田舎のカフェで見かけます。

のっている場合もあるし、さらにカフェオレそのままにミルクが加えられている場合もあって、店によってさまざまなのが「カフェ・クレム」ということ。

ファンファンの好みとは逆に、コーヒー8に対してミルク（またはコーヒーフレッシュ？）2の割合ならばカフェで頼むのは簡単です。エスプレッソにミルクを少量加えたものは「ノワゼット」と言って、カフェの列記としたメニューとして存在するからです。でも、どうしてノワゼットは作れるのに、ファンファン好みのカフェオレは作れないのか。

ともかく、カフェに基本的にあるであろうコーヒーとミルクを、好みの割合で注文すると、なぜかギャルソンは混乱してしまうというわけ。好みのカフェオレを作ってもらえないとなると、ファンファンが最終的に頼むのが「ショコラ・ショー」。ミルクを置いていないカフェならば、ショコラも出来合いの水っぽいココアなわけです。それでもコーヒーが多いカフェオレよりも、水っぽいショコラの方がいいファンファン。

それならば、最初からカフェオレに変な注文をつけずに、素直にメニューにあるショコラ・ショーを頼めばいいのに、と思ってしまう私。それでも毎回、カフェで自分好みのカフェオレを注文せずにいられないのが、個人主義なフランス人ということなのでしょう。ま、お好きなだけ、存分にやってくださいな。

＊**カフェ・オ・レ【café au lait】** ミルクを加えたコーヒー。
＊**カフェ・クレム【café crème】** クリームを加えたコーヒー。カフェでは「カフェ・オ・レ」でも、「カフェ・クレム」の名前でメニューに載っていることが多いです。
＊**ノワゼット【noisette】** エスプレッソにミルクを少量たらした、ヘーゼルナッツ色の飲み物。

Les Français trempent une tartine dans un café au lait.

パンを浸して食べるフランス人

パン食の朝ごはんを食べる日本人も増え、フランス的な朝食を実際に日本でも食べている人がいることでしょう。「カフェオレとタルティーヌ」の組み合わせは、フランス国外でも決して珍しいものではありません。でも、本当にフランス的なのは、実はその食べ方にあるのです。

フランス好きなら、お持ちの方も多いことでしょう。日本では「カフェオレボウル」と呼ばれる、大きめのボウル。フランス語では、ただの「ボル」と言われるものですが、カフェオレに限らず、ショコラ・ショーや紅茶、ミルクティーにだって使う人もいる、フランスの朝ごはんに欠かせないものです。

私は朝ごはんにカフェオレをたっぷりと飲みたい人なので、使うのもファンファンのものよりも1.5倍は大きいボウルを使っています。まだタルティーヌが食べ終わらないのにカフェオレがなくなると、切羽詰まり、喉が無性に渇いてくるという非常事態を避けるた

（上）ファンファンはカフェオレに浸すタルティーヌには、バターもコンフィテュールも塗りませんが、コンフィテュールを塗ったタルティーヌは浸さないでそのまま食べています。バターだけ、もしくはコンフィテュールまで塗ったタルティーヌを浸す人もいます。（下）小さなかけらとなったタルティーヌは、カフェオレに浸した後、スプーンですくって食べます。

めです。よって必ず、タルティーヌが食べ終わった後に、ひと口でも飲める分量のカフェオレを残しておきます。だから、家では大きいボウルの9分目近くまで入れた、たっぷりのカフェオレが必要というわけ。

ファンファンは普通サイズのボウルを使っていますが、あまり量は飲まないので、コーヒーが薄めのカフェオレを半分くらいまでしか入れません。だから、量を考えるとカップで十分というもので、ボウルを使う意味がない気がするでしょう？　いいえ、ボウルを使うのは、たくさん量を飲むためだけではないのです。

カフェの場合は、朝ごはんにカフェオレを頼むと、もちろんボウルでは出てきません。大きめのカップの「グラン」や、普通サイズのカップの「プティ」などが選べる場合もあるのですが、カフェで出される量のカフェオレでは、私には少なすぎて、2杯目を注文したくなるくらい。ファンファンは好みの配合のカフェオレさえ出て来れば、量に対しての文句はありません。

しかし、そのカップで飲むカフェオレでは、新たなる問題が生まれてきます。

普通サイズのカップでも大きめのカップでも、ファンファンが飲み終わった後のテーブルは、それはそれは悲惨な状態。カップの下に置かれたソーサーにはカフェオレが溢れ落ち、最悪の場合はテーブルの上までカフェオレのしずくが飛んでいる有様！　普通にカフェオレを飲んでいて、こんな状態を作れるのは、まだ手元も口元もおぼつかない幼児ぐらいでしょう。大の大人であるはずのファンファンの、このものすごい食べ跡は、もちろん、普通にカフェオレを飲んでいないからなのです。

カフェのカップだろうが、家のボウルだろうが、ファンファンが朝ごはんを食べる時にする共通点と言えば、「タルティーヌをカフェオレに浸す」ということ。口の広いボウルに入ったカフェオレならば、思う存分タルティーヌを浸してもらっても構わないのですが、口の狭いカップになみなみと入ったカフェオレでは、タルティーヌを突入させるとカフェオレが溢れ出すのは明白。

しかも、そのカフェオレに浸したタルティーヌの食べ方といったら、まるでタルティーヌでカフェオレをすくっているような勢い。顔をボウル（またはカップ）まで近づけ、カフェオレを吸ったタルティーヌを、できるだけカフェオレの汁を下に落とさないように、素早く食べるというもの。バゲットの厚みを半分に切ったタルティーヌの細長い形が、ここでも活用されているというわけです。

そして、タルティーヌが小さなかけらとなったら、カフェオレの中に完全に沈め、スプーンですくって食べます。最後は、残ったカフェオレを中に落ちたパン屑と一緒に飲み干して、朝ごはんを食べ終わるというもの。その食べ方は「カフェオレを飲む」というよりも、「カフェオレをパンと一緒に食べる」といった表現が近いでしょう。

その昔、コーヒーが一般的に飲まれるようになる前は、フランスの朝ごはんではスープを飲んでいました。ボウルに入れたスープに加えられるのは、硬くなったパンのかけら。スープで硬いパンをふやかして柔らかくし、スプーンですくって食べていたのです。そんな以前から、朝に食べるパンには、残パン整理の役目があったのですね。

そんな昔ながらの朝ごはんの食べ方が、スープがコーヒーに変わっても、パンを浸すことだけは変わらずに残っているのがフランス。世の中にはファンファンよりも上品にパンを浸して食べる人が多いのでしょうが、この食べ方はファンファンだけではなく、ごく普通の食べ方であります。

さらにバターやコンフィテュールをつけたタルティーヌを浸す人もいるし、クロワッサンやパン・オ・ショコラを浸す人だっているのがフランス。浸すのもカフェオレに限らず、コーヒーや紅茶、ショコラ・ショー、ただのミルクの人もいます。そして、固形物を液体に浸して食べるのは朝ごはんに限ったことではありません。おやつのビスケットやクレープ、究極には角砂糖までも、コーヒーや紅茶に浸して食べる人がいるのです。はっきり言って、飲み物に何でも浸すのがフランス人だということ。

私はフランスに住み始めてからずっと、「カフェオレとタルティーヌ」のフランス的朝ごはんを食べ続けていますが、「カフェオレにタルティーヌを浸して食べる」ことだけは、どうしてもできません。口や胃の中で最終的に混ざり合ったとしても、食べる前からカフェオレでぶよぶよに柔らかくなったタルティーヌは、どう考えても美味しいとは思えないからです。

でも、浸し派の人々が言うには「柔らかくなって美味しい」のだとか。もちろん、私のように浸さない派のフランス人もいるわけで、特にファンファンが時々食べる、「ハムとカマンベールチーズを挟んだバゲットをカフェオレに浸す」のは、さすがに浸し派の人々にも嫌な顔をされます。

結局、何でも浸しちゃって、本当に味わって食べているのかが、私には甚だ疑問のところ。「汁気を吸った柔らかいもの」に、何かしらの依存があるのがフランス人なのでしょうか？　それとも、「パンを浸す」という行為自体が、大昔からフランス人のＤＮＡに受け継がれている、フランス人ならでは特徴なのかもしれません。何れにしても、異国の者にとってはなんとも理解しがたい、フランス独特のパン文化のひとつであることは確実でしょう。

＊ボル【bol】飲み物以外にも、現在ではシリアル用に使う人も多いボウル。
＊グラン【grand】「大きい」という意味で、大きなカップを指します。カフェ・クレムを頼むと、大きさを聞かれることがあり、「グラン・クレム【grand crème】」と略することもできます。
＊プティ【petit】「小さい」という意味で、普通サイズのカップのものを指します。

フランスの家庭の必需品であるボウル。蚤の市では昔ながらのレトロなモチーフが施された愛らしいボウルが見つかります。

酒巻洋子
(Yoko SAKAMAKI)

フリー編集ライター
女子美術大学デザイン科卒業後、料理学校、ル・コルドン・ブルーに留学のため渡仏。

帰国後、編集プロダクション、料理雑誌の編集部を経てフリーに。

2003年、再度渡仏し、現在パリとノルマンディーを行き来する生活を送っている。

パリのお散歩写真は「いつものパリ（paparis.exblog.jp）」、
ノルマンディーの日常写真は「ノルマン犬猫日記（normanneko.exblog.jp）」にて公開中。

著書に『フランス バゲットのある風景』、『パリのプチホテル』、『パリのエッフェル塔』、

『パリ犬』、『パリにゃん』、『パリにゃんII』、『プチ・パリにゃん』（すべて産業編集センター）、

『恋するフランス語』（三修社）、『シャンブル・ドットで見つけた パリ流インテリア』（新紀元社）、

『パリうさこ：パリジャン流うさぎのいる暮らし』（誠文堂新光社）など多数。

※本文中に出て来るフランス語のカタカナ表記は、欄外にフランス語の綴りを明記しました。

Grands remerciements à Alcôve & Agapes(www.bed-and-breakfast-in-paris.com).

フランス人とパンと朝ごはん
2016年 2月22日　第一刷発行

著者　酒巻洋子
撮影　酒巻洋子
装幀　TUESDAY（戸川知啓+戸川知代）

発行　株式会社産業編集センター
〒112-0011 東京都文京区千石4-39-17

印刷・製本　株式会社シナノパブリッシングプレス

ISBN978-4-86311-128-8 C0077